Fabian Kessl · Christian Reutlinger

Sozialraum

Sozialraumforschung und Sozialraumarbeit
Band 4

Herausgegeben von
Fabian Kessl
Christian Reutlinger

Sozialraumforschung und Sozialraumarbeit finden ihren Ausgangspunkt in der konstitutiven Gleichzeitigkeit von sozialer Konstruktion und Wirkmächtigkeit (vor)herrschender Raumordnungen. Letztere prägen Prozesse der Raumkonstitution ohne soziale Praktiken vollständig zu determinieren. Raumordnungen sind wiederum das Ergebnis dieser sozialen Praktiken und insofern nicht über-historisch, das heißt keine natürlich bereits vorgegebenen Handlungseinheiten. Räume sind immer Sozial-Räume.
In der Sozialraumforschung steht die Analyse dieser Sozialräume im Zentrum des Interesses. Studien zur Sozialraumforschung untersuchen die spezifischen historischen Ordnungen des Räumlichen als Ergebnis politischer Kämpfe, die diese wiederum prägen.
Sozialraumarbeit ist die professionelle Arbeit an und mit diesen Sozialräumen. Ihren Ausgangspunkt sucht die Sozialraumarbeit deshalb nicht innerhalb spezifischer Territorien, sondern an den konkreten, aber heterogenen und dynamischen Orten und dem Zusammenspiel der unterschiedlichen Aktivitäten, die Räume (re-)konstruieren.

Fabian Kessl
Christian Reutlinger

Sozialraum

Eine Einführung

2., durchgesehene Auflage

Mit einem Beitrag von Ulrich Deinet

Bibliografische Information der Deutschen Nationalbibliothek
Die Deutsche Nationalbibliothek verzeichnet diese Publikation in der
Deutschen Nationalbibliografie; detaillierte bibliografische Daten sind im Internet über
<http://dnb.d-nb.de> abrufbar.

1. Auflage 2007
2., durchgesehene Auflage 2010

Alle Rechte vorbehalten
© VS Verlag für Sozialwissenschaften | GWV Fachverlage GmbH, Wiesbaden 2010

Lektorat: Stefanie Laux

VS Verlag für Sozialwissenschaften ist Teil der Fachverlagsgruppe
Springer Science+Business Media.
www.vs-verlag.de

Das Werk einschließlich aller seiner Teile ist urheberrechtlich geschützt. Jede Verwertung außerhalb der engen Grenzen des Urheberrechtsgesetzes ist ohne Zustimmung des Verlags unzulässig und strafbar. Das gilt insbesondere für Vervielfältigungen, Übersetzungen, Mikroverfilmungen und die Einspeicherung und Verarbeitung in elektronischen Systemen.

Die Wiedergabe von Gebrauchsnamen, Handelsnamen, Warenbezeichnungen usw. in diesem Werk berechtigt auch ohne besondere Kennzeichnung nicht zu der Annahme, dass solche Namen im Sinne der Warenzeichen- und Markenschutz-Gesetzgebung als frei zu betrachten wären und daher von jedermann benutzt werden dürften.

Umschlaggestaltung: KünkelLopka Medienentwicklung, Heidelberg
Druck und buchbinderische Verarbeitung: Ten Brink, Meppel
Gedruckt auf säurefreiem und chlorfrei gebleichtem Papier

ISBN 978-3-531-16340-6

Inhalt

Fabian Kessl und Christian Reutlinger
Einleitung: Die Rede vom Raum und die Ordnung des Räumlichen 7

Fabian Kessl und Christian Reutlinger
1   (Sozial)Raum – ein Bestimmungsversuch 21

Fabian Kessl und Christian Reutlinger
2   Die (sozialpädagogische) Rede von der Sozialraumorientierung 39

Ulrich Deinet
3   Lebensweltanalyse – ein Beispiel raumbezogener Methoden
    aus der offenen Kinder- und Jugendarbeit 59

Fabian Kessl und Christian Reutlinger
4   Raumbilder – Transformierte Räumlichkeiten und deren
    Thematisierungsformen 75

Fabian Kessl und Christian Reutlinger
5   Reflexive räumliche Haltung 125

Autorenverzeichnis 134
Danksagung 135

Fabian Kessl und Christian Reutlinger

Einleitung: Die Rede vom Raum und die Ordnung des Räumlichen

„Die große Obsession des 19. Jahrhunderts ist bekanntlich die Geschichte gewesen (...). Hingegen wäre die aktuelle Epoche eher die Epoche des Raumes", diagnostiziert der französische Sozialphilosoph Michel Foucault bereits 1967 in einem Vortrag vor einem architekturinteressierten Publikum in Paris (Michel Foucault: Andere Räume. Frankfurt/Main und New York [1967] 1991, S. 65).

Lange Zeit erfuhr der Raum als grundlegende Dimension menschlichen Handelns in sozialwissenschaftlichen Überlegungen eine nur unzureichende Berücksichtigung. Raum wurde von Sozialwissenschaftlern zumeist als territoriale Bedingung oder Umgebung sozialer Zusammenhänge betrachtet. In relevanten politischen, gesellschaftlichen und wissenschaftlichen Diskursen (welche wir als dominierende *„Rede"* bezeichnen) war Raum kaum Thema. Raum kam in sozialwissenschaftlichen Diskursen nur implizit, das heißt vermittelt über andere Kategorien vor. Wenn vom Raum gesprochen wurde, geschah dies dementsprechend in Verbindung mit Kategorien, wie Stadt, Gemeinde oder Nation. Menschliches Handeln schien immer *in* diesen Räumen eingelagert zu sein, und die logische Frage schien dann: Welche Auswirkungen haben diese Räume auf das jeweilige Handeln der Akteure? Politische Theoretikerinnen fragten dann beispielsweise nach den Auswirkungen, die Regierungssysteme (Präsidentialismus oder Parlamentarismus) auf das politische Engagement der einzelnen Bürgerinnen und Bürger haben, Ethnologen oder Anthropologinnen danach, wie der koloniale oder postkoloniale Staat das Handeln von Gesellschaftsmitgliedern strukturiert und Stadtsoziologen schließlich, welche Prägung der ländliche Raum im Unterschied zum städtischen Raum mit sich bringt.

Auch in pädagogischen wie erziehungswissenschaftlichen Diskussionen ist es seit langem selbstverständlich, Räume allein als Vorbedingung pädagogischer Vorgehensweisen anzunehmen. Die Raumdimension wird also auch hier, wie in den anderen sozialwissenschaftlichen Bereichen, der menschlichen Handlungsdimension vorgeordnet. Die Frage, die sich vor dem Hintergrund dieses Raumverständnisses stellt, ist dann: Welche Räume brauchen beispielsweise Kinder und Jugendliche für ihre Entwicklung? So wurde in den

Auseinandersetzungen um Jugendzentren in den 1980er Jahren darüber gestritten, welche Jugendräume notwendig wären, wer diese zur Verfügung stellen solle und wer für sie zuständig sei. Zugleich wurden die im urbanen Raum vorhandenen Spielräume für Kinder als zu klein oder als zu weit von deren Wohnort entfernt identifiziert. Die Wohnumgebung zeichne sich durch ihre Monofunktionalität und Anregungsarmut aus. Der Entwicklungsraum der Kinder werde in der modernen Stadt damit in einzelne unverbundene Teilräume „verinselt", wie vor allem Helga Zeiher, Ursula Nissen oder Lothar Böhnisch betonten.

Mit Blick auf die mitteleuropäischen Gesellschaften des ausgehenden 18. Jahrhunderts haben bereits frühe Aufklärungspädagogen, wie Jean Jacques Rousseau oder Johann Heinrich Pestalozzi, ähnliche Diagnosen formuliert. Rousseau kritisiert in seinem berühmten Erziehungsroman *Emile* die gesellschaftlichen Einflüsse auf die Entwicklung von Kindern als verderblich, weil sie die natürliche Entwicklung der nachwachsenden Generation behinderten. Rousseau siedelte diese verderbliche „große Gesellschaft" selbstverständlich im städtischen Raum an, während er einen Raum für die natürlichen Entwicklungsprozesse des Kindes in der Provinz besser gegeben sah.

Auch Pestalozzi nimmt den positiven oder negativen Einfluss bestimmter Räume für die Entwicklung der jeweiligen Bewohner als selbstverständlich an, wenn er beispielsweise in seinen Überlegungen *Über den Bauern* von den vormodernen Gemeinden schreibt, diese seien von Aberglauben und Gewalttätigkeit geprägt und die Menschen ins Elend verwiesen. Allerdings schreiben schon Rousseau und Pestalozzi noch von einer anderen Dimension, einer ihres Erachtens entscheidenden für die menschliche Entwicklung: vom sozialen Stand und der sozialen Ordnung, in der jeder seinen Platz zugewiesen bekomme. Diese soziale oder gesellschaftliche Dimension menschlichen Handelns und damit sozialer Zusammenhänge wird im weiteren Text noch eine entscheidende Rolle spielen. Wir werden erkennen, dass wir Grundlegendes übersehen, wenn wir Räume nur als territoriale Vorbedingungen menschlichen Handelns betrachten.

Während also der Raum als prägende Struktur sozialer Zusammenhänge seit langem in wissenschaftlichen Debatten als selbstverständlich angenommen wird, finden sich systematische Überlegungen zum Raum in den sozialwissenschaftlichen Debatten nur innerhalb spezialisierter Disziplinen wie der Geografie. Auf dieses Phänomen haben verschiedene Sozialwissenschaftlerinnen und Sozialwissenschaftler wie Dieter Läpple, Gabriele Sturm oder Roland Lippuner in den letzten 15 bis 20 Jahren immer wieder hingewiesen und den sozialwissenschaftlichen Auseinandersetzungen daher eine ausgeprägte „Raumblindheit" attestiert. Als Reaktion auf diese Kritik ist inzwischen eine breite Forschungslandschaft zu Raumfragen entstanden. Insofern ist Michel Foucaults anfangs zitierte Prognose inzwischen verifiziert: *In den sozialwissen-*

schaftlichen Feldern kann aktuell durchaus von so etwas wie einer *Epoche des Raumes* gesprochen werden. Ansätze einer entsprechenden Raumforschung finden sich in unterschiedlichen Disziplinen: in der Soziologie vor allem als Raum- und Stadtsoziologie, in der Geografie als Sozialgeografie, in der Architektur unter anderem als soziale Architektur, in der Sozialplanung in den Diskussionen um soziale Netzwerke und in der Erziehungswissenschaft vor allem im Bereich der Sozialen Arbeit als Plädoyer für eine sozialraumorientierte Neujustierung Sozialer Arbeit. Aktuell werden auch frühe raumtheoretische Ansätze wiederentdeckt: Eine solche Renaissance erfahren unter anderem die „Raumsoziologie" Georg Simmels, „La Production de l'Espace" von Henri Lefebvre, die stadtsoziologischen Arbeiten der so genannten „Chicago School" oder die „Darmstädter Gemeindestudien". Andere raumtheoretische Bezugspunkte und Traditionslinien, wie die Studien des französischen Soziologen Paul-Henry Chombart de Lauwe zum „Espace Social" und die an diese Tradition anschließenden Arbeiten von Raymond Ledrut, bleiben bisher noch weitgehend unberücksichtigt – aber auch frühe Arbeiten zu einer Raumforschung, die von den Münchner Sozialgeografen Jörg Maier, Karl Ruppert, Reinhard Paesler und Franz Schaffer (*„Münchner Schule der Sozialgeographie"*) vorgelegt wurden, werden nicht aufgegriffen.

Diese selektive Wahrnehmung deutet darauf hin, dass die neue Raumforschung an vielen Stellen noch in den Kinderschuhen steckt und noch nicht den Grad der Differenzierung erreicht hat, der einen etablierten Forschungsansatz auszeichnet. Dennoch scheint das Fundament gelegt und inzwischen bereits am Erdgeschoss gebaut zu werden, wie eine wachsende Zahl von Arbeiten belegt, beispielsweise von Jörg Dünne und Stefan Günzel belegen.

Aber nicht nur innerhalb wissenschaftlicher Debatten spielt der Raum in den letzten Jahren eine immer einflussreichere Rolle. Auch in aktuellen Zeitdiagnosen wird immer häufiger auf grundlegende Veränderungen in der bisherigen *Ordnung des Räumlichen* hingewiesen. Vor allem vier Aspekte werden dabei hervorgehoben:

In den letzten Dekaden des 20. Jahrhunderts erfahre – erstens – der bisherige nationalstaatliche Raum eine Neujustierung im Prozess einer zunehmenden Internationalisierung des Kapitals und einer globalen Homogenisierung von Waren und Lebensstilen. Über 350 Billionen US-Dollar an jährlichen Finanztransaktionen, das heißt über 1 500 Milliarden US-Dollar täglich, umfasst der Weltfinanzmarkt inzwischen. Ein beachtlicher Teil dieser Summen setzt sich aus so genanntem „fiktiven Kapital" (Marx) zusammen, weil das Kapital sich aus sich vermehrt, also nicht direkt an konkrete Produktions- oder Dienstleistungsprozesse rückgebunden ist. Dadurch verselbständigen sich die realwirtschaftliche und finanzwirtschaftliche Sphäre, die Vermehrung von Kapital hat also nicht mehr unbedingt mit einem realen Wirtschaftswachstum zu tun, wie die Finanz- und Wirtschaftskrise seit Sommer 2007 offenbart hat. Außerdem wird die Welt zunehmend von sozialen Formen geprägt, die meist zentral erdacht und kontrolliert werden und vergleichsweise frei von Inhalt sind. Der US-amerikanische Soziologe George Ritzer charakterisiert diese Homogenisierung von Waren und Lebensstilen daher auch als *Globalisierung des Nichts*. Beispiele hierfür seien, so Ritzer, die globalisierten Produktionswege von Kleidern, Möbeln oder Fertiggerichten, die rund um den Globus – relativ unabhängig von der jeweiligen lokalen, regionalen oder nationalen Kultur – produziert und konsumiert werden. Für diese Prozesse der Internationalisierung und Globalisierung spielen die technischen Möglichkeiten und der Ausbau weltweiter Transport- und Kommunikationsstrukturen eine entscheidende Rolle. Die so genannten neuen Medien ermöglichen es, große geografische Distanzen fast ohne Zeitverlust zu überwinden. Die verbesserte soziale und räumliche Mobilität und die Option, menschliche Beziehungen virtuell gestützt auch über große geografische Distanzen hinweg aufrecht zu erhalten, haben die soziale Strukturierung oberhalb der lokalen und nationalstaatlichen Ebene deutlich verändert und wirken wiederum auf diese zurück (*Globalisierung*).

Zweitens hat sich das Maß an horizontaler wie vertikaler sozialer Ungleichheit in den bisherigen Nationalstaaten, aber auch zwischen den Staaten verstärkt. Im letzten Drittel des 20. Jahrhunderts haben sich die sozialen Spaltungsprozesse dazuhin räumlich manifestiert. Bestimmte Städte und Regionen, aber auch einzelne Quartiere und Stadtteile weisen im Vergleich zu anderen Quartieren eine deutlich höhere Zahl von Bewohnerinnen und Bewohnern in Armut, Erwerbslosigkeit oder prekären Beschäftigungsverhältnissen auf (*räumliche Segregation*). Allerdings sollte dieser Hinweis nicht dahingehend missverstanden werden, Armut konzentriere sich in den Städten des ausgehenden 20. und beginnenden 21. Jahrhunderts nun nur noch in bestimmten sozialen Brennpunkten. Die absolute Mehrheit von Gesellschaftsmitgliedern, die in Armut leben, findet sich noch immer außerhalb dieser markierten „sozialen Brennpunkte", das heißt sie wohnen und leben verstreut über die jeweilige Gesamtstadt.

Mit der Transformation des bisherigen wohlfahrtsstaatlichen Sicherungssystems werden – drittens – Alternativen zu den bisherigen nationalstaatlichen Integrationsräumen gesucht. Dabei wird zunehmend der Nahraum der einzelnen Gesellschaftsmitglieder in den Blick gerückt. In diesen identifizierten und markierten Einheiten der Familie, der Nachbarschaft oder des Vereins sollen neue kleinformatige Gemeinschaften (*Räume der Inklusion*) entstehen und damit zugleich zum Bezugspunkt politischer und pädagogischer Programme werden (*Territorialisierung*). Wenn der Wohlfahrtsstaat, der immer ein nationalstaatliches Konstrukt war, nicht mehr ausreichend Integration für seine Bürgerinnen und Bürger im nationalstaatlichen Kontext anbieten könne, müssten diese in anderer Form in menschliche Schutzgemeinschaften eingebunden werden, so lautet die dieser Territorialisierung des Sozialen zugrunde liegende Diagnose. Die Protagonisten der Territorialisierungsstrategien hoffen, diese sozialen Schutzgemeinschaften im unmittelbaren Umfeld der Menschen mobilisieren zu können (*Nahraum*). Wiedererstarkte oder neu geschaffene lokale Gemeinschaften sollen die bisherigen nationalstaatlichen Integrationsräume ersetzen.

Viertens werden diese kleinräumigen Einheiten in verstärktem Maße zu lokalen Sicherheitsgemeinschaften erklärt. Entlang von Milieugrenzen bauen vor allem wohlhabende Bevölkerungsgruppen zunehmend geschlossene Sicherheitsräume aus, die durch erhöhte Polizeipatrouillen und den Einsatz von Sicherheitstechniken (Alarmanlagen, Videoüberwachung, Einsatz privater Sicherheitsdienste) für andere Gesellschaftsmitglieder geschlossen oder für diese nur noch kontrolliert zugänglich gemacht werden. Wohnareale, in denen ein vergleichsweise hoher Anteil von armen und erwerbslosen bzw. prekär beschäftigten Gesellschaftsmitgliedern oder relativ viele Menschen mit Sozialhilfebezug leben, werden zugleich sozial kartografiert und damit als „benachteiligte Stadtteile" identifiziert, die häufig einer verstärkten polizeilichen und kriminalpräventiven Bearbeitung ausgesetzt werden. Legitimiert wird dieses Vorgehen mit dem Hinweis, nur so könne die fehlende Verantwortlichkeit der Bewohner zuerst einmal substituiert und damit wieder Alltagssicherheit geschaffen werden. Mittelfristig werde damit außerdem die Grundlage für eine Re-Aktivierung der notwendigen bürgerschaftlichen Verantwortlichkeit der Bewohnergruppen gelegt (*Responsibilisierung*).

Diese veränderten Raumordnungen sind das Ergebnis politischer wie pädagogischer Gestaltungsprozesse und prägen diese zugleich. Solche Raumordnungen sind somit keine einmal festgelegten Strukturen, die dem menschlichen Handeln vorgängig sind, sondern stehen im Wechselverhältnis mit gesellschaftlichen Prozessen. Die genannten vier Dimensionen einer verstärkten *Globalisierung*, einer *räumlichen Segregation*, einer *Territorialisierung* und einer *Responsibilisierung* charakterisieren aktuell vorherrschende Raumordnungen, das heißt sie prägen das Handeln der Gesellschaftsmitglieder, so auch das Handeln (sozial)pädagogischer Fachkräfte oder (sozial)politisch Verantwortlicher. Zugleich ist deren Handeln aber nicht komplett von diesen aktuell vorherrschenden Ordnungen des Räumlichen vorherbestimmt. Vielmehr kann jede Veränderung in der Ordnung des Räumlichen wieder neue Auseinandersetzungen um deren Gestaltung auslösen. Das heißt, Phänomene, wie das einer zunehmenden räumlichen Segregation, stellen kein unausweichliches Faktum dar, mit dem nun die Vertreter der Stadtentwicklung, des Quartiersmanagements oder der Sozialen Arbeit umgehen müssen, weil es nun mal so ist, wie es ist. Vielmehr stellt beispielsweise der höhere Anteil von armen und/oder erwerbslosen Gesellschaftsmitgliedern in einzelnen Stadtteilen (*soziale Brennpunkte*) das Ergebnis bestimmter Gestaltungsprozesse dar, die exemplarisch am Beispiel der Bundesrepublik Deutschland angedeutet werden sollen. Sie sind das Ergebnis

- einer Wohnungsbaupolitik der 1970er und 80er Jahre, die in manchen bundesdeutschen Städten völlig neue Wohnviertel erschuf, aus denen schnell stigmatisierte Wohnviertel mit relativ hohem Leerstand und hoher Zuweisungsquote entstanden (zum Beispiel Frankfurt/Main-Nordweststadt, Hamburg-Steilshoop, Berlin-Märkisches Viertel oder Heidelberg-Emmertsgrund).

- einer Arbeitsmarkt- und Wirtschaftspolitik, die sich auf Liberalisierungs- und Deregulierungsstrategien konzentrierte und die Frage der Ermöglichung individueller Lebensführung und der Sicherung einer angemessenen und zugänglichen öffentlichen Infrastruktur immer weniger in den Blick nimmt.

- einer fehlenden Einwanderungs- und damit verbundenen Sozialpolitik, die sich noch immer weigert anzuerkennen, dass die so genannte zweite oder dritte Generation ehemaliger „Gastarbeiterfamilien" nicht als einheitliche Gruppe von Ausländern betrachtet und behandelt werden kann, von der man annimmt, sie sei nur vorübergehend zu Gast in der Bundesrepublik.

- einer auf nachholender Modernisierung beruhenden Vereinigungspolitik, die massive Abwanderungen aus östlichen in westliche Bundesländer in Kauf nimmt, die Privatisierung von öffentlichem Wohneigentum zur Folge hat und zu einem enormen Wohnleerstand führt.

All das sind Beispiele dafür, dass räumliche Ordnungen, wie sie sich unter anderem in der Zusammensetzung von Bewohnergruppen manifestieren, eine historisch-spezifische Materialisierung von Gestaltungsprozessen des Räumlichen darstellen. Das heißt, dass bestimmte soziale Prozesse sich in konkreten historischen Konstellationen materialisieren und diese Materialisierungen wiederum den (Mit-)Ausgangspunkt aktueller gesellschaftlicher Prozesse bilden. Diese Erkenntnis ist entscheidend, denn wenn man in diesem Sinne räumliche Ordnungen immer als Ausdruck sozialer Praktiken begreift, dürfen sie nicht als feststehende Verortungen betrachtet werden, sondern als potenziell immer veränderbare Strukturierungen. Dieser Hinweis darf nun wiederum nicht dahingehend missverstanden werden, dass räumliche Ordnungen nicht wirkmächtig wären, sondern – je nach Wunsch und Wille der Beteiligten – völlig frei gestaltbare Zusammenhänge. Das wird schnell einsichtig, wenn man sich vergewissert, dass es selbstverständlich einen Unterschied macht, ob sich die Wohnung einer Familie in einem so genannten sozialen Brennpunkt, einem innerstädtischen Mittelschichtsviertel, einem suburbanen Neubauviertel oder einer ländlichen Dorfgemeinde befindet. Nur ist dieses Faktum, dass die Infrastruktur eines Wohngebiets Zugangsmöglichkeiten erleichtert oder erschwert, nicht der direkte Grund für das Handeln der Bewohnerinnen und Bewohner.

Die vielfältige und bestimmende *Rede vom Raum* in wissenschaftlichen Studien, politischen Programmen und gesellschaftlichen Diskursen der letzten Jahre weist darauf hin, dass sich die räumlichen Erfahrungskontexte der Akteure deutlich verändert haben. Die oben bereits grob charakterisierten veränderten Ordnungen des Räumlichen werden von den Akteuren anders erfahren als die bisher bestimmende nationalstaatliche Ordnung. Deshalb wird auf die Darstellung dieses Wandels der den größten Teil des 20. Jahrhunderts bestimmenden nationalstaatlichen „Ordnung des Räumlichen" im weiteren Text ein besonderes Augenmerk gerichtet.

Zusammenfassung

Vom Raum ist in den letzten Jahrzehnten in veränderter Form die Rede: Dabei werden politische Regulierungen und soziale Sicherheitssysteme nicht mehr nur über den nationalstaatlichen Raum bestimmt. Vielmehr werden andere Räume wie beispielsweise der lokale, regionale, transnationale und supranationale Raum einflussreicher. Diese neuen Räume geraten in den Blick und werden verstärkt thematisiert. Die neue Rede vom Raum wird im Folgenden zentral zum Thema gemacht. Sie wird den Leserinnen und Lesern vorgestellt und systematisch eingeordnet. Ziel ist es, den Lesern damit zu ermöglichen, die aktuellen Debatten um eine veränderte Räumlichkeit und eine Neuordnung des Raums in einen umfassenderen Kontext einzuordnen (Kontextualisierung). Denn erst eine solche systematische Kontextualisierung eröffnet die Chance, auf dieser Basis eine eigene – reflexive und damit professionelle – Position in den Auseinandersetzungen um die politische und pädagogische Gestaltung des Räumlichen entwickeln und einnehmen zu können (Positionierung). Kontextualisierung und Positionierung markieren die beiden entscheidenden Dimensionen eines professionellen Umgangs mit der veränderten Ordnung des Räumlichen und einer entsprechenden neuen Rede vom Raum – unabhängig ob dies nun von Sozialpädagogen, Quartiersmanagerinnen oder Regionalplanern realisiert wird. Kontextualisierung und Positionierung werden im vorliegenden Lehrbuch als die beiden Stützpfeiler einer professionellen und damit immer notwendigerweise reflexiven räumlichen Haltung verstanden (in Kapitel 5).

Originaltext aus:
Dirk Baecker: Form und Formen der Kommunikation. Frankfurt/Main 2005.

„Ein Raum entsteht, wenn eine Unterscheidung getroffen wird. Allerdings, und dies ist ein Hauptgrund dafür, warum es sinnvoll ist, den Begriff der Unterscheidung als Formbegriff zu formulieren, entsteht dieser Raum nicht etwa als der abgegrenzte Raum der Unterscheidung, sondern als diese Abgrenzung *und* (Hervorhebung; DB) die Voraussetzung dieser Abgrenzung. Ein Raum ist immer schon ein Raum in Räumen, doch die Orientierung in diesen Räumen ist nur möglich aus jeweils einem Raum heraus. Das ist die Bedingung dafür, zum einen jede Unterscheidung als Grenze denken und im Hinblick auf ihre beiden Seiten beobachten zu können, dabei zum anderen jedoch nie übersehen zu können, dass man diese Beobachtung nur vornehmen kann, wenn man (ein Bewusstsein, eine Kommunikation, ein Organismus) seinerseits eine Unterscheidung trifft, einen Raum abgrenzt und besetzt. Auch die Beobachtung einer Vielfalt von Perspektiven ist nur aus einer Perspektive möglich."

(Baecker 2005, S. 81–82)

Raum und Räumlichkeit spielen also aktuell, so lässt sich vorläufig zusammenfassen, in unterschiedlichen wissenschaftlichen Disziplinen eine ebenso zentrale Rolle wie in den damit verbundenen politischen Auseinandersetzungen. *Der Begriff der Räumlichkeit stellt dabei eine begriffliche Markierung dar, die verdeutlichen soll, dass Räume immer das Ergebnis sozialer Praktiken sind.*

Die *Rede vom Raum* ist eine weit verbreitete politische, städtebauliche, sozialpädagogische, schulorganisatorische und sozialplanerische Auseinandersetzung um die Neuordnung des Räumlichen und damit verbunden eine politikwissenschaftliche, soziologische, erziehungswissenschaftliche und planungstheoretische Rede vom Raum. Die Rede vom Raum ist also auch keineswegs nur eine Rede von Gebäuden, Plätzen oder Straßen und deren Gestaltung, die Neuordnung des bisher nationalstaatlichen Ordnungssystems keineswegs nur eine Frage der Veränderung von Orten, Wohnvierteln oder Straßenzügen. Vielmehr verweisen diese Rede- und Gestaltungsweisen darauf, dass auf der Tagesordnung nicht weniger als die Frage der (Neu)Formierung sozialer Zusammenhänge im 21. Jahrhundert steht. Der französische Soziologe Pierre Bourdieu bezeichnet daher auch nicht einzelne Wohnareale, Stadtviertel oder Straßenzüge als Sozialraum, sondern Gesamtgesellschaften als „soziale Räume".

> Originaltext aus:
> *Pierre Bourdieu: Ortseffekte. In: ders. et al.: Das Elend der Welt: Zeugnisse und Diagnosen alltäglichen Lebens an der Gesellschaft. Konstanz 1997, S. 159–167.*
>
> „Die gesellschaftlichen Akteure, die als solche immer durch die Beziehung zu einem *Sozialraum* (...) herausgebildet werden, und ebenso die Dinge, insofern sie von den Akteuren angeeignet, also zu Eigentum gemacht werden, sind immer an einem konkreten Ort des Sozialraums angesiedelt, den man hinsichtlich seiner relativen Position gegenüber anderen Orten (darüber, darunter, dazwischen etc.) und hinsichtlich seiner Distanz zu anderen definieren kann. So wie der physische Raum durch die wechselseitige Äußerlichkeit der Teile definiert wird, wird der Sozialraum durch die wechselseitige Ausschließung (oder Unterscheidung) der ihn bildenden Positionen definiert, d. h. als Aneinanderreihung von sozialen Positionen."
> (Bourdieu 1997, S. 160)

Im Anschluss an diesen umfassenden Begriff des sozialen Raumes im Sinne Bourdieus kann man formulieren, dass die aktuellen Raum- und Räumlichkeitsdebatten auf nicht weniger verweisen als die Unterstellung, der soziale Raum, also die Gesellschaft insgesamt, sei neu zu gestalten. Die aktuell an vielen Stellen vorfindbare Rede vom Raum und die damit verbundene Neuordnung des Räumlichen ist also nicht weniger als eine Auseinandersetzung darum, wie in Zukunft soziale Zusammenhänge – in der Bundesrepublik Deutschland, in Österreich oder der Schweiz, aber eben auch quer zu diesen nationalstaatlichen Grenzmarkierungen – gestaltet und reguliert werden sollen.

Die Rede vom Raum und der Kampf um die Neuordnung des Räumlichen meint also immer eine (sozial)politische Auseinandersetzung. Denn die Frage der (Neu)Formierung sozialer Zusammenhänge ist immer eine Frage danach, wer dies mit welchem Einfluss tun oder beeinflussen kann und wer nicht. Wenn beispielsweise in der Regionalplanung verstärkt von der Steuerung und Koordination der räumlichen Entwicklung die Rede ist, in der Gemeindepsychologie vom nahräumlichen Aufbau und der Wiederbelebung nachbarschaftlicher Unterstützungssysteme und kleinteiliger Netzwerke, in der kommunalen Verwaltungsorganisation von der stadtteil- oder bezirksorientierten Dezentralisierung im Sinne des Prinzips der Bürgernähe, in der kommunalen Sozialberichterstattung von kleinräumigen Verfahren und innerhalb des Quartiersmanagements vom prioritären Bezug auf bestimmte Wohngebiete, die als „benachteiligte Stadtteile" oder soziale Brennpunkte identifiziert werden, dann wird hier in einer ganz bestimmten Weise von der Ordnung des Räumlichen gesprochen. Räume sollen in einer ganz bestimmten Form strukturiert werden, und zugleich sollen andere Möglichkeiten der Raumordnung ausgeschlossen werden. Denn solche Redeweisen über bestimmte Formen der Räumlichkeitsordnung implizieren zugleich immer ein Schweigen über andere Möglichkeiten der Räumlichkeitsordnung. Gerät aus dem Blick, dass die jeweils bestehende Ordnung des Räumlichen ein Ergebnis politischer Kämpfe ist, wird diese allzu leicht als unveränderliche Bedingung des Handelns missverstanden. Die Gefahr dabei ist, dass damit ein bestimmter und begrenzter Handlungsspielraum angenommen wird, der selbst nicht bestimmbar scheint. Ziel (sozial)politischer, (sozial)planerischer und (sozial)pädagogischer Aktivitäten sollte aber gerade die Erweiterung bestehender Handlungsspielräume sein, das heißt deren (Mit)Bestimmung.

> Originaltext aus:
> *Melanie Plößer: Dekonstruktion – Feminismus – Pädagogik: Vermittlungsansätze zwischen Theorie und Praxis. Königstein/Taunus 2005.*
>
> „Neugierig zu sein und neugierig zu bleiben, beschreibt eine Möglichkeit, offen für die Andersheit der Anderen zu werden. Zugleich bietet diese Haltung die Chance, jene Normen und Konventionen in Frage zu stellen, die die eigenen pädagogischen Handlungen und Entscheidungen organisieren. Die (…) neugierige Haltung gegenüber der Anderen entbindet die Pädagogin nicht davon, Entscheidungen zu treffen. (…) Das heißt, Verantwortung beweist die Pädagogin nicht nur im Entscheiden, sondern auch in der Hinterfragung derjenigen Normen, die im Entscheiden und Sich-Verantworten für jemanden zitiert werden."
>
> (Plößer 2005, S. 206 f.)

Besonders einflussreich ist die Rede vom Raum aktuell in der deutschsprachigen Sozialen Arbeit. Unter der Überschrift *„Sozialraumorientierung"* haben sich vor allem in der Kinder- und Jugendarbeit, den Hilfen zur Erziehung und der Gemeinwesenarbeit, aber auch der offenen Altenarbeit oder der Schulsozialarbeit seit den 1990er Jahren raumbezogene Handlungsmaximen etabliert.

In all diesen sozialpädagogischen Handlungsfeldern ist die Rede davon, dass die Beteiligten ihre Aktivitäten stärker am „Lebensraum", am „Nahraum" oder am „Umfeld" der Angebotsnutzerinnen und -nutzer ausrichten sollen. Bemerkenswert an dieser Rede von der Sozialraumorientierung ist die weitgehende Einigkeit von theorie-konzeptionellen Denkern wie Verbandsvertretern und Fachkräften über die Notwendigkeit dieser Neujustierung Sozialer Arbeit. Zwar ist man sich über die Form solcher raumbezogener Strategien und Vorgehensweisen keineswegs einig, prinzipiell aber herrscht über Sinn und Relevanz einer sozialraumorientierten Neujustierung Sozialer Arbeit verblüffende Übereinstimmung. Grund für den weit geteilten Optimismus, mit dieser Neujustierung einen qualitativen Fortschritt für die Soziale Arbeit erreichen zu können, scheint einerseits der mögliche Anschluss sozialraumorientierter Konzeptionen und Vorgehensweisen an bereits vorliegende einflussreiche sozialpädagogische Konzeptionen, wie die Lebensweltorientierung (Hans Thiersch), die Lebensbewältigung (Lothar Böhnisch, Werner Schefold, Richard Münchmeier) oder die Dienstleistungsorientierung (Hans-Uwe Otto, Gaby Flößer, Andreas Schaarschuch, Rudolph Bauer, Thomas Olk) zu sein. Die in diesen Konzeptionen geforderten Leitprinzipien der Prävention, der Adressaten- bzw. Nutzerorientierung und der Effizienz- wie Effektivitätsorientierung und in Korrespondenz dazu einer verstärkten Orientierung an den Ressourcen der Betroffenen finden sich alle – zumindest semantisch – in sozialraumorientierten Strategien wieder. Die Soziale Arbeit scheint daher in der Sozialraumorientierung zu sich selbst kommen zu können.

Originaltext aus:
Fabian Kessl, Sandra Landhäußer und Holger Ziegler: Sozialraum. In: Bernd Dollinger und Jürgen Raithel (Hrsg.): Aktivierende Sozialpädagogik – ein kritisches Glossar. Wiesbaden 2006, S. 191–216.

„Bemerkenswert ist mit Blick auf die Konjunktur von Programmen einer sozialraumorientierten Sozialen Arbeit in den letzten zehn Jahren, dass die Forderungen nach einer präventiven, adressatenorientierten und effizienten wie effektiven (Neu-)Justierung Sozialer Arbeit sich hier konzeptionell in einer verblüffenden Art und Weise vereinen. Legt man die drei Forderungen nach Prävention, Adressatenorientierung und Effizienz wie Effektivität als Prämissen einer ‚zeitgemäßen Sozialen Arbeit' zugrunde, scheint diese in den Programmen einer sozialraumorientierten Sozialen Arbeit zu sich selbst zu finden. Belegt scheint diese Einschätzung sowohl durch die Konjunktur sozialraumorientierter Strategien sowie die weitgehende Einigkeit in Profession und Disziplin über die Notwendigkeit und Angemessenheit sozialraumorientierter Vorgehensweisen. (...)
 Eine solche Übereinstimmung ist allerdings durchaus verblüffend, weil andere Neujustierungsversuche mit strukturanalogem Inhalt, wie die Stadtteilorientierung der 1970er und 1980er Jahre, die ersten lebensweltorientierten Konzepte, gemeinwesenarbeiterische Strategien oder Versuche der dienstleistungstheoretisch basierten Nutzerorientierung, keineswegs Einigkeit ausgelöst haben, sondern zum Teil vehementen Einspruch."
(Kessl, Landhäußer und Ziegler 2006, S. 195 f.)

Am Beispiel der Sozialen Arbeit wird deshalb im Folgenden verdeutlicht, in welcher Weise diese Handlungsfelder und die dort tätigen sozialpädagogischen Fachkräfte, die kommunale Sozialadministration (Jugendämter, Stadt- und Regionalplanung, Sozialberichterstattung, Sozialplanung), die freien Träger und nicht zuletzt die Nutzerinnen und Nutzer dieser sozialen Dienstleistungsangebote zum einen unter dem raumbezogenen Label mit der Forderung einer grundlegenden Umgestaltung des Sozialen konfrontiert werden und zum anderen als Akteure die neuen Ordnungen des Räumlichen (re)konstruieren. Dazu gilt es, die in den letzten Jahren deutlich veränderte Rede vom Raum und die veränderten Ordnungen des Raumes zu illustrieren.

Wir tun dies, indem wir im weiteren Text den folgenden beiden Fragen zur Rede vom Raum und zur Ordnung des Räumlichen nachgehen.

1. *Zur „Rede vom Raum":* In welcher Weise wird in den Feldern Sozialer Arbeit in den letzten Jahren vom Raum gesprochen, wie wird er thematisiert?
2. *Zur „Ordnung des Raums":* Inwiefern haben sich die bisher bestehenden räumlichen Ordnungen verändert?

Im Folgenden wird somit der Kontext der *räumlichen Wende* in der Sozialen Arbeit in den Mittelpunkt der Betrachtungen gestellt (in Kapitel 2). Es geht nicht darum, die vielfältigen Detailfragen der Umsetzung einer sozialraumorientierten Sozialen Arbeit in den verschiedenen sozialpädagogischen Handlungsfeldern zu diskutieren (Methoden, Finanzierungsmodelle oder institutionelle Implementierungsformen), sondern der Frage nachzugehen, in welchen Zusammenhang diese Neujustierung Sozialer Arbeit eingebunden ist.

Das deutet auch der Titel des Lehrbuchs an: „Sozialraum – eine Einführung", nicht „Sozialraum – eine Einführung für Sozialarbeiter und Sozialpädagoginnen" ist die vorliegende Einführung überschrieben. Dieser Titel soll symbolisieren, dass der Raumbezug Sozialer Arbeit hier nur als Beispiel für die sehr viel weiterreichende neue Rede vom Raum und die Neuordnung des Räumlichen steht. Die vorgestellten Veränderungen in der Rede vom Raum und die damit korrespondierenden Veränderungen in der Ordnung des Räumlichen in den Feldern Sozialer Arbeit stehen also symptomatisch für generelle Auseinandersetzungen um die zukünftige Gestaltung sozialer Zusammenhänge. Insofern erschien es auch notwendig, trotz der Fokussierung auf die Soziale Arbeit, immer wieder Bezüge zu benachbarten Handlungsfeldern aufzuzeigen.

Nachdem im ersten Kapitel ein systematischer Bestimmungsversuch dessen vorgeschlagen wird, was Sozialraum meint und was nicht, wird im zweiten Kapitel die Rede vom Raum am Beispiel Sozialer Arbeit vorgestellt: Worauf zielt die weit verbreitete Rede von der notwendigen sozialraumorientierten Neujustierung Sozialer Arbeit? Ulrich Deinet stellt im dritten Kapitel mit der

Lebensweltanalyse ein Beispiel raumbezogener Methoden aus der offenen Kinder- und Jugendarbeit vor. In diesem Ansatz werden Räume und Räumlichkeiten von Kindern und Jugendlichen aus ihren Handlungen erschlossen und für die Soziale Arbeit fruchtbar gemacht. Im vierten Kapitel steht die Frage im Mittelpunkt, welche Modelle der Ordnung des Räumlichen aktuell besonders hervorgehoben werden und welche damit in der Gefahr stehen, aus dem Blick zu geraten. Dazu werden die dominierenden Raumbilder, die den aktuell vorherrschenden Konzeptionen zur Neujustierung Sozialer Arbeit unterliegen, skizziert.

Im Zentrum der vorliegenden Einführung steht aber das *Plädoyer für eine reflexive räumliche Haltung* als Kernbestandteil einer *Sozialraumarbeit*. Diese zielt auf eine *Kontextualisierung* situationsspezifischer Raumbezüge Sozialer Arbeit und eine *explizite (politische) Positionierung* der Beteiligten, insbesondere der Fachkräfte innerhalb solcher raumbezogener Vorgehensweisen bzw. den damit verbundenen Diskussionen um eine Sozialraumorientierungsdebatte der Sozialen Arbeit. Welche Komponenten eine solche räumliche Haltung charakterisieren könnten, ist Thema des abschließenden fünften Kapitels.

Fabian Kessl und Christian Reutlinger

1 (Sozial)Raum – ein Bestimmungsversuch

Im ersten Kapitel dieser Einführung wird im kritischen Anschluss an aktuelle raumtheoretische Überlegungen eine relationale Bestimmung des Begriffs „Raum" vorgestellt. Relationale Begriffe werden von Wirklichkeitsbegriffen unterschieden. Wirklichkeitsbegriffe sind fixierte Einheiten, die kontextunabhängig bestimmt werden. Raum beispielsweise als materielle Einheit definierter Raum- und Hohlmaße zu bestimmen, die dem menschlichen Handeln vorausgeht, wäre ein solcher Wirklichkeitsbegriff. Unabhängig davon, in welchem Kontext Räumlichkeit (re)produziert und damit gestaltet wird, unterstellt ein solcher Begriff des Raums dessen eindeutige und fixierte Wirklichkeit. Relationale Begriffe bezweifeln dagegen eine solche kontextunabhängige und unter Umständen sogar überhistorische Bestimmung von Räumlichkeit. Vielmehr wird davon ausgegangen, dass erst die jeweilige Relation aus historisch-spezifischen Raumordnungen und den jeweiligen politischen Kämpfen darüber entscheidet, welche Rede vom Raum nun vorherrschend sein soll und darf. Erst ihre analytische Rekonstruktion erlaubt es, den Raum als solchen systematisch bestimmbar zu machen.

Die vorliegende Einführung stellt die aktuell bestimmenden Rede- und Ordnungsweisen der Räume am Beispiel der Sozialen Arbeit vor. Damit ist unser Vorhaben nicht, einen expliziten Beitrag zur sozialwissenschaftlichen Raumtheorie zu leisten. Im weiteren Text geht es somit nicht um die Frage nach der Seinsweise (*Ontologie*) von Räumen bzw. deren Gültigkeit, wie dies das Thema vor allem der aktuellen soziologischen Raumdebatten ist. Auf solche raumtheoretische Auseinandersetzungen wird zwar immer wieder Bezug genommen. Die vorliegende Einführung hat sich aber die Aufgabe gestellt, am Beispiel der Sozialen Arbeit deutlich zu machen, in welcher Weise in den letzten Jahren verstärkt vom Sozialraum die Rede ist; welche Veränderungen der bisherigen Ordnungen des Räumlichen zu beobachten sind; wie soziale Phänomene zunehmend mit räumlichen Metaphern beschrieben werden und wie sich eine Tendenz der Verräumlichung sozialer Probleme und Problemlagen abzeichnet.

Die raumtheoretische Grundannahme, die im vorliegenden Lehrbuch Sozialraum vertreten wird, lautet: *Räume sind keine absoluten Einheiten, sondern ständig (re)produzierte Gewebe sozialer Praktiken.*

1. Der absolute und der relative Raum

? *Leitfrage: Wie können wir Räume systematisch beschreiben?*

Menschliches Handeln findet immer räumlich statt. Diese Einsicht schien lange Zeit so selbstverständlich, dass häufig keine weitere Beschäftigung mit der Frage erfolgte, was denn nun gemeint ist, wenn vom Raum die Rede ist – obwohl bereits in der griechischen Antike darüber nachgedacht wurde, was denn dem menschlichen Sein eine Stätte gewährt (Platon), wie die Bewegung menschlicher Körper begrenzt wird (Aristoteles) oder wie die Beziehung zwischen Körpern geordnet wird (Theophrast), was also den Raum ausmacht. Eine breitere Auseinandersetzung mit Raum und Räumlichkeit findet trotz einiger grundlegender Beiträge im 20. Jahrhundert (Elisabeth Konau, Henri Lefebvre, Georg Simmel) und einer Reihe heute nicht mehr rezipierter Forschungs- und Denkzusammenhänge (Paul-Henry Chombart de Lauwe, Hans Linde, Raymond Ledrut) erst seit den 1990er Jahren in verstärktem Maße statt. Der Grund dafür scheint vor allem die Tatsache zu sein, dass seit der Aufklärung zwei konkurrierende Raumvorstellungen vorliegen, von denen sich aber lange Zeit nur eine durchsetzen konnte: die Vorstellung eines absoluten Raumes, wie dies Markus Schroer in seinen raumsoziologischen Überlegungen rekonstruiert hat. Isaac Newton (1643–1727), auf dessen Überlegungen die Vorstellung eines absoluten Raumes primär Bezug nimmt, geht davon aus, dass der Raum ein fixiertes Ordnungssystem darstellt, das nicht abhängig ist von den darin enthaltenen Körpern. „Der absolute Raum, der aufgrund seiner Natur ohne Beziehung zu irgendetwas außer ihm existiert, bleibt sich immer gleich und unbeweglich" (Newton 1687, zit. nach Löw 2001, S. 25). Einen absoluten Raum muss man sich daher wie einen Behälter vorstellen (*Container*), in dem Körper enthalten sind. Der Physiker Carl Friedrich von Weizsäcker beschreibt den absoluten Raum daher im Bild der „Mietskasernen", in die Körper einziehen. Die Gebäude selbst bestehen bereits und geben den Körpern einen bestimmten Rahmen vor.

Den Vorstellungen eines absoluten Raums widersprechen relative Raumvorstellungen, von denen bereits die Rede war. Mit ihnen wird darauf aufmerksam gemacht, dass erst die Körper die Raumstruktur bilden, Räume demnach nicht unabhängig von den sie bildenden Körpern bestehen können. Die Vorstellung eines relativen Raumes findet sich bereits bei Gottfried Wilhelm Leibniz (1646–1716). Er geht im Unterschied zu Newton davon aus, dass Räume Formen idealler Ordnung repräsentieren, die in der schöpferischen menschlichen Kraft fußen. „Ich habe mehrfach betont, daß ich den Raum ebenso wie die Zeit für etwas rein Relatives halte; für eine Ordnung

> Originaltext aus:
> *Adolf Muschg: Der Raum als Spiegel. In: Dagmar Reichert (Hrsg.): Räumliches Denken. Zürich 1996, S. 47–55.*
>
> „Daß Raum – wie Zeit – kein Ding an sich sei, sondern eine Beziehungsgröße, eine Darstellungsform unserer Wahrnehmung, ein Medium unserer Prioritäten; kurzum: daß Raum eine an den Menschen und seine Kultur gebundene ‚Dimension' sei, gehört zu den Annahmen, die wir als Teilnehmer unserer westlichen Kultur *leugnen* lernen. Denken Sie an Kinder, wenn diese anfangen, ‚richtig' zu zeichnen. Das heißt: wenn sie die Unbefangenheit, mit der sie zuvor ein Blatt oder eine Wand mit Farben und Formen bedeckt hatten, verlieren. Nur verlieren? Nein, sie schwören ihr ab. Dafür benötigen sie nicht einmal einen schlechten Zeichenlehrer. Sie sind von sich auch darauf gekommen, daß ihre Kunst nicht das Wahre ist.
>
> Was wäre denn das Wahre? Natürlich die Fotografie. Sie zeigt die Dinge, wie sie sind, das heißt, so, daß jeder sie sofort wiedererkennt. Was weiter weg ist – auch wenn es sich um eine wichtige Person handelt –, zeigt sich auf der Fotografie verkleinert. Der Raum ist offenbar eine Größe mit eigenen objektiven Gesetzen. Wer sie nicht kennt, ist dumm.
>
> Die Errungenschaft dieser Wahrnehmung muß uns so teuer sein (wegen der Kränkungen, mit denen ihr Erwerb verbunden ist?), dass die meisten Erwachsenen sie nicht mehr so leicht hergeben."
>
> (Muschg 1996, S. 47)

der Existenzen im Beisammen, wie die Zeit eine Ordnung des Nacheinander ist" (Leibniz 1715/1716, zit. nach Löw 2001, S. 27). Die Lage eines Körpers ergibt sich demnach aus seinem Verhältnis zu anderen Körpern. Ein Raum im Sinne relativer Raumvorstellungen ist nicht absolut bestimmbar. Seine Bestimmung ist vielmehr abhängig von der Wahl des eingenommenen Blickpunktes. Je nachdem von welchem Punkt aus man die räumliche Lage eines Körpers betrachtet, kommt man zu einer anderen Verortung. Solche konstruktivistischen Raumvorstellungen eines nur relativ zu bestimmenden Raumes erfahren seit einigen Jahren gegenüber absoluten Raumvorstellungen stärkere Aufmerksamkeit.

Zusammenfassung

Räume wurden lange Zeit – und werden auch heute noch häufig – als Behälter, das heißt als dem menschlichen Verhalten vorgängige Einheiten bestimmt. Gegen diesen absoluten Raumbegriff wendeten aber seit langem andere Denker ein, er sei

verkürzt, weil er übersehen mache, dass erst die beteiligten Körper den jeweiligen Raum konstruierten. Insofern werde Raum auch erst existent im Moment des Zusammenspiels der verschiedenen Körper, und seine Bestimmung sei daher abhängig von der Perspektive, das heißt, von wo aus man das entstehende räumliche Konstrukt in den Blick nehme. Solche relativistischen Raumvorstellungen sind im 20. Jahrhundert immer einflussreicher geworden.

Literatur zur Vertiefung:

Läpple, Dieter: Essay über den Raum. Für ein gesellschaftswissenschaftliches Raumkonzept. In: Häußermann, Hartmut/Ipsen, Detlef/Krämer-Badoni, Thomas/Läpple, Dieter/Rodenstein, Marianne/Siebel, Walter: Stadt und Raum – soziologische Analysen. Pfaffenweiler 1991, S. 157–207.
Lippuner, Roland: Raum, Systeme, Praktiken. Zum Verhältnis von Alltag, Wissenschaft und Geographie. Stuttgart 2005.
Löw, Martina: Raumsoziologie, Frankfurt/Main 2001.
Schroer, Markus: Räume, Ort, Grenzen. Auf dem Weg zu einer Soziologie des Raumes. Frankfurt/Main 2006.
Soja, Edward: Postmodern Geographies. The Reassertion of Space in Critical Social Theory. London (Verso) 1989.

Originaltext aus:
Manuel Castells: Die kapitalistische Stadt. Ökonomie und Politik der Stadtentwicklung. Hamburg und Berlin 1977.

„Es ist kaum noch möglich, eine Analyse des Raums ‚an sich' oder der Zeit vorzunehmen (...) Der Raum als soziales Produkt wird immer durch eine bestimmte Beziehung gekennzeichnet, die zwischen den verschiedenen Instanzen einer Gesellschaftsstruktur besteht. (...)

Der Raum ist also immer eine historische Situation und gesellschaftliche Form, der seine Bedeutung durch die gesellschaftlichen Prozesse erhält, die sich durch ihn ausdrücken. Durch die besondere Art und Weise, mit der er die von ihm selbst gebildeten strukturellen Instanzen zusammenfügt, ist der Raum andererseits dafür geeignet, in bestimmter Weise auf die anderen Bereiche einer Gesellschaft einwirken zu können. Vom gesellschaftlichen Gesichtspunkt aus betrachtet gibt es demnach keinen Raum (eine physikalische Größe zwar, für die Praxis stellt sie aber eine abstrakte Wesenheit dar), sondern einen historisch definierten Zeit-Raum, einen konstruierten, bearbeiteten, von Gesellschaftsverhältnissen benutzten Raum."

(Castells 1977, S. 243 und S. 260)

? *Leitfragen: Weshalb das Präfix „sozial"? Warum „Sozialraum" und nicht nur „Raum"?*

John Rawls setzt in seinem inzwischen schon zum Klassiker avancierten Entwurf einer Gerechtigkeitstheorie ein raffiniertes didaktisches Mittel ein, um der Frage nachzugehen, auf welche Gerechtigkeitsprinzipien sich Menschen einigen würden, wenn sie diese Entscheidung frei von jeglichen Macht- und Herrschaftsverhältnissen treffen könnten. Rawls wirft den Bürgern einen Schleier der Unwissenheit über, wie die britische Bestsellerautorin Joanne K. Rowling ihrem Protagonisten Harry Potter seinen Unsichtbarkeitsumhang. Könnten wir einen solchen Schleier des Nichtwissens auch für einen Moment überstreifen, uns also aus einer solchen Position des Unwissens dem Begriff des Sozialraums nähern, um uns den Blick nicht schon zu Beginn durch unser (Vor)Wissen zu verbauen, so wäre uns vermutlich Folgendes sofort einsichtig.

Mit der Bezeichnung „*Sozial*raum" weist der Titel des Lehrbuches darauf hin, dass die Bezeichnung Raum ergänzungsbedürftig ist. Während nämlich der Begriff des Raumes allzu leicht eine gegebene, also unwiderrufliche Tatsache suggerieren könnte, weist der Begriff des Sozialraums auf das Phänomen hin, dass Raum immer das Ergebnis menschlichen Handelns darstellt, wie oben gezeigt wurde. In diesem Sinne kann die Unterscheidung von Raum und Sozialraum parallel zu der aufgezeigten grundlegenden raumtheoretischen Unterscheidung zwischen einem absoluten und einem relativen Raum gelesen werden. Verabschieden wir uns also von der Idee, Räume seien bestehende verfestigte Strukturen, die wir nicht verändern können, und einigen uns vorläufig darauf, Räume auch als Ergebnis von Handlungsprozessen zu betrachten. Wozu dann aber den Schleier des Nichtwissens überwerfen? Um diese Frage zu beantworten, müssen wir nochmals einen Schritt zurücktreten und uns dem Begriff des Sozial-Raums selbst nochmals zuwenden.

Eine *Sozial*raumperspektive bezieht sich nicht primär auf physisch-materielle Objekte, auf das, was wir alltagssprachlich „Orte" oder „Plätze" oder eben auch „Räume" nennen: Gebäude, Straßen oder Stadtteile. Vielmehr gilt das Interesse einer Sozialraumperspektive den von den Menschen konstituierten Räumen der Beziehungen, der Interaktionen und der sozialen Verhältnisse. Auf eben diese sozialen Zusammenhänge weist das Präfix „sozial" hin. Mit Sozialraum werden somit der gesellschaftliche Raum und der menschliche Handlungsraum bezeichnet, das heißt der von den handelnden Akteuren (*Subjekten*) konstituierte Raum und nicht nur der verdinglichte Ort (*Objekte*). Ein solches Raumverständnis schließt an jüngere sozialgeografische, soziologische und erziehungswissenschaftliche wie sozialpädagogische Diskussionen an.

Wenn in Stadtentwicklungsprogrammen und einer damit verbundenen sozialraumorientierten Sozialen Arbeit schlicht davon ausgegangen wird, dass der für erwerbslose oder arme Gesellschaftsmitglieder relevante Raum mit dem administrativ gefassten Wohnbezirk (Quartier oder Stadtteil) in eins fällt, so wird der dabei zugrunde liegende Konstruktionsprozess von Räumlichkeit allerdings ignoriert. Ein solches absolutes Raummodell, das räumliche Bezüge auf eine administrativ verfasste Wohneinheit reduziert, kann der Komplexität und Heterogenität sozialer Zusammenhänge nicht gerecht werden. Daher hat man sich inzwischen auch mehrheitlich darauf verständigt, dass das Modell eines absoluten Raumes, das heißt das Modell eines kontinuierlichen, für sich existierenden Raumes im Sinne eines fixen Behälters, unangebracht ist. Ausgangspunkt soll stattdessen das Modell *relationaler Räume* sein. Für die sozialraumorientierte Soziale Arbeit und ihr benachbarte Vorgehensweisen, wie die Sozialplanung, würde das bedeuten, dass sie von den sozialen Beziehungsstrukturen der beteiligten Akteure ausgeht, von deren Handlungsweisen und Konstruktionsprozessen.

Originaltext aus:
Christian Schmid: Stadt, Raum und Gesellschaft. Henri Lefebvre und die Theorie der Produktion des Raumes. Stuttgart 2005.

„‚L'espace n'a aucun pouvoir ‚en soi' […]' (Henri Lefebvre: La production de l'espace 1986. S. 414). Die räumliche Praxis schaffe nicht das Leben, sie reguliere es bloß. Der Raum habe keinerlei Macht ‚an sich', und die Widersprüche des Raumes seien nicht durch den Raum als solchen bestimmt. Es seien die gesellschaftlichen Widersprüche, die die Widersprüche des Raumes hervorbringen. Sie träten durch den Raum, auf der Ebene des Raumes, an den Tag (ebd.). (…) Lefebvre begreift und behandelt Raum nicht als materiellen Gegenstand, als Objekt oder Ding, sondern als ein Ensemble von gesellschaftlichen Aktionen: Für Lefebvre ‚inkorporiert' der soziale Raum soziale Handlungen, Handlungen von Subjekten, die gleichzeitig kollektiv und individuell sind, die geboren werden und sterben, die leiden und handeln (ebd., S. 43).

Diesem produzierten Raum geht alles Natürliche ab. Er wird als ‚lebendiger' Raum oder als ‚Prozess-Raum' gefasst, der sich zugleich im Praktischen, im Gedanklichen und im Gelebten erzeugt."

(Schmid 2005, S. 300)

Folgt man dieser raumtheoretischen Vereinbarung, wie sie vor allem in der deutschsprachigen Raumsoziologie seit der zweiten Hälfte der 1990er Jahre einflussreich geworden ist, so bleibt die Frage bestehen, warum das vorliegende Lehrbuch mit „Sozialraum – eine Einführung" und nicht einfach mit „Raum – eine Einführung" überschrieben wurde. Denn wenn die sozialwissenschaftliche Rede vom Raum immer eine Rede vom *Sozial*raum ist, ist dann nicht die Hervorhebung *Sozial*raum überflüssig? Was gewinnen wir oder besser, weshalb ist es doch notwendig, das Präfix „sozial" zu verwenden, wenn wir von Räumen aus der hier vorgestellten Perspektive sprechen?

Kritische Einwände gegen den didaktischen Trick, den John Rawls mit dem Schleier des Nichtwissens zur Konstruktion seiner Gerechtigkeitsprinzipien anwendet, weisen darauf hin, dass es die von Rawls unterstellte machtfreie Entscheidungssituation zur Auswahl der relevanten Gerechtigkeitsprinzipien niemals geben kann und Rawls damit eine fiktive Entscheidungssituation konstruiert, die für die konkreten sozialen Zusammenhänge keine Gültigkeit beanspruchen kann. Ähnlich verhält es sich unseres Erachtens auch im Fall des vorliegenden Lehrbuchs. Zwar ist der Hinweis auf die Konstruktion von (Sozial)Räumen überzeugend und muss daher beachtet werden: *Räume sind keine fixierten Einheiten, die sozialen Prozessen vorgängig sind, sondern selbst ein Ergebnis dieser Prozesse.* Allerdings sind sie zugleich auch wiederum ihr Bestandteil. Die von den Akteuren konstruierten Raumordnungen wirken somit auch relativ unabhängig von diesen Konstruktionsprozessen wieder auf die Handlungsvollzüge der Akteure zurück. Räume materialisieren sich also, und diese Materialisierung darf nicht unberücksichtigt bleiben – wozu aber radikal konstruktivistische Raumtheorien neigen. Konstruktivistische Raumtheorien sind die Raumtheorien, die den Konstruktionsprozess von Räumlichkeit in den Mittelpunkt und an den Ausgangspunkt ihrer Überlegungen stellen.

Im Sinne einer konstruktivistischen Raumtheorie ist die Rede vom Raum immer eine Rede vom Sozialraum, insofern Räume nur als konstruierte Räume gedacht werden. Alle Gesellschaftsmitglieder tragen – wenn auch im unterschiedlichen Maße – dazu bei, Räume zu konstituieren. Somit wären auch arme und/ oder erwerbslose Gesellschaftsmitglieder als ein Teil derjenigen zu verstehen, die diese Konstruktionsprozesse vollziehen. Nun zeigen aber die sozial immens ungleich verteilten Möglichkeiten, solche Konstruktionsprozesse zu beeinflussen oder sich überhaupt merklich an ihnen beteiligen zu können, dass diese Konstruktionsprozesse unter bestimmten sehr wirkmächtigen Einflussgrößen realisiert werden. Es stellen sich also beispielsweise folgende Fragen, auf die konstruktivistische Theorien nur unzureichend Antwort geben können: Warum können manche Akteure deutlicheren Einfluss auf die Ordnungen des Räumlichen und die Rede vom Raum nehmen als andere? In welcher Weise erwerben bestimmte Akteursgruppen diesen Einfluss und andere bleiben faktisch unsichtbar?

Die beteiligten Akteure sprechen von deutlich unterschiedlichen Positionen aus, an denen sie im sozialen Raum – im Sinne Bourdieus – stehen. Konstruktivistische Raumtheorien stehen insofern in der Gefahr, genau dieses Phänomen der vorherrschenden Ordnung des Räumlichen und der damit verbundenen Handlungsbegrenzungen nicht angemessen zu erfassen. Überlegungen zum Raum haben sich daher immer auch mit den manifestierten Raumordnungen zu beschäftigen, das heißt mit den räumlichen Arrangements, die historisch entwickelt wurden und dadurch aktuell soziale Prozesse in einer bestimmten Weise beeinflussen – sei dies nun in Form von hergestellten Gebäudeformationen, markierten Straßenverläufen oder festgelegten Staatsgrenzen, aber auch einer bestimmten ästhetischen Gestaltung von Plätzen oder der Ansiedlung eines bestimmten Typus von Geschäften (zum Beispiel kleinen Boutiquen, kunsthandwerklichen Geschäften und Spezialitätenanbietern oder großen Lebensmittelmärkten, Videotheken und Tankstellen). Deshalb setzen materialistische Raumtheorien im Umkehrschluss zu konstruktivistischen Ansätzen bei diesen bestehenden räumlichen Ordnungen an und stellen die Untersuchung des Einflusses dieser Ordnungen auf soziale Zusammenhänge in den Mittelpunkt. Von absolut grundlegender Bedeutung erscheinen aus dieser Perspektive die ökonomische Ausstattung armer oder erwerbsloser Gesellschaftsmitglieder, ihre prekarisierte Wohnsituation oder die für sie fehlenden oder nur schwer zugänglichen sozial-infrastrukturellen Angebote. Eine raumbezogene Soziale Arbeit, die sich einer materialistischen Sichtweise anschließt, müsste sich daher vor allem für solche Ausstattungsfragen interessieren und zuständig erklären. Allerdings ist auch mit dieser Perspektive die Gefahr verbunden, nur einen verkürzten Blick einzunehmen. Denn eine radikal-materialistische Perspektive unterschätzt – quasi in Umkehrung zu den konstruktivistischen Ansätzen – häufig die Konstruktionsprozesse des Räumlichen, das heißt, sie vergisst allzu leicht, die jeweilige Rede vom Raum mit zu berücksichtigen. Fragen wie die folgenden zu beantworten, ist für eine angemessene Betrachtung räumlicher Strukturen aber von entscheidender Bedeutung: Wie kommt es zur ungleichen Verteilung der Zugangs- und Beteiligungsmöglichkeiten, und welche Konstruktionsprozesse haben zur aktuellen Ordnung des Räumlichen geführt?

Die These, die die vorliegende Einführung vertritt, lautet daher: Konstruktivistische und materialistische raumtheoretische Einsichten sind miteinander zu vermitteln. Die Rede vom Raum und die Ordnung des Räumlichen sind keine unabhängigen Ebenen, sondern notwendig aufeinander verwiesen. Erforderlich ist daher ein *relationaler Begriff* des Raumes. Soziale Arbeit und andere raumbezogene Maßnahmen, wie die Sozialplanung, stehen insofern vor der Aufgabe, sowohl die räumlichen Konstruktionsprozesse in den Blick zu nehmen, die dazu führen, dass Gesellschaftsmitglieder ihre Angebote nutzen oder nutzen müssen (und an denen zum Beispiel die Soziale Arbeit selbst ebenso wie die Betroffenen beteiligt ist), als auch die historisch entstandenen und dabei immer politisch umkämpften Ordnungen des Räumlichen zu berücksichtigen. Ihre Aufgabe bleibt dabei immer eine möglichst weitgehende Erweiterung und Eröffnung von Handlungsoptionen für die Betroffenen. Handlungsoptionen, die diesen also bisher nicht zur Verfügung gestanden haben. Eine Soziale Arbeit, die sich der Gleichzeitigkeit von konstruktivistischen und materialistischen Einsichten bewusst ist, hätte dann allerdings weniger sozialraumorientiert zu agieren, sondern vielmehr eine *reflexive räumliche Haltung* auszubilden (in Kapitel 5).

> Originaltext aus:
> *Martina Löw: Raumsoziologie. Frankfurt/Main 2001.*
>
> „Ich gehe (...) von *einem* Raum, der verschiedene Komponenten aufweist, aus. Das heißt, ich wende mich gegen die in der Soziologie übliche Trennung in einen sozialen und einen materiellen Raum, welche unterstellt, es könne ein Raum jenseits der materiellen Welt entstehen (sozialer Raum), oder aber es könne ein Raum von Menschen betrachtet werden, ohne dass diese Betrachtung gesellschaftlich vorkonstruiert wäre (materieller Raum). Analytisch gehe ich daher von einem sozialen Raum aus, der gekennzeichnet ist durch materielle und symbolische Komponenten."
>
> (Löw 2001, S. 15)

Zusammenfassend kann somit für die Betitelung der vorliegenden Einführung festgehalten werden: Um die notwendige Vermittlung von konstruktivistischen und materialistischen Einsichten zu markieren, ist diese Einführung mit „Sozialraum" und nicht mit „Raum" überschrieben. Zum einen wird damit die Abwendung von einem absoluten Raumbegriff markiert und zum anderen der Anschluss an einen umfassenden Begriff des sozialen Raumes, wie ihn Bourdieu symbolisiert – ohne damit die Relevanz des jeweiligen Ortsbezugs sozialpolitischer, sozialpädagogischer oder planerischer Vorgehensweisen zu ignorieren.

Zusammenfassung

Raumtheoretisch wird deutlich: Sowohl die Vorstellung des absoluten Raumes als einer fixierten Rahmenbedingung sozialer Praktiken als auch der Gegenentwurf des relativen Raumes als Ausdruck menschlichen Handelns erscheinen verkürzt. Für eine systematische Beschreibung von Räumlichkeit sollte daher versucht werden, sich weder ausschließlich auf die eine noch die andere Position zu beziehen. Hilfreich ist vielmehr ein relationaler Raumbegriff, der die Verschränkung beider Dimensionen im Blick behält: das Wechselspiel von symbolischer Wirkung mate-

rialisierter Raumordnungen und deren permanente (Re)Konstruktion als Kampf um die Vorherrschaft bestimmter Redeweisen vom Raum. Raumtheorie kann damit aber nicht mehr heißen, einen unabhängig von konkreten sozialen Praktiken gültigen Raumbegriff bestimmen zu wollen. Was Raum heißt, ist vielmehr abhängig vom jeweiligen Kontext. Das wird am Beispiel der sozialpädagogischen Sozialraumorientierung im vierten Kapitel anhand der aktuell vorherrschenden Raumbilder illustriert.

Literatur zur Vertiefung:

Chombart de Lauwe, Paul-Henry (Hrsg.): Paris et l'agglomération parisienne. L'espace social dans une grande cité. Paris 1952.
Konau, Elisabeth: Raum und soziales Handeln. Studien zu einer vernachlässigten Dimension soziologischer Theoriebildung. Göttingen 1977.
Ledrut, Raymond: L'espace social de la ville: problèmes de sociologie appliquée à l'aménagement urbain. Paris 1968.
Vaskovics, Lazlo A. (Hrsg.): Raumbezogenheit sozialer Probleme. (= Beiträge zur sozialwissenschaftlichen Forschung, Nummer 35). Opladen 1982.
Werlen, Benno: Sozialgeographie alltäglicher Regionalisierungen. Band 1. Zur Ontologie von Gesellschaft und Raum (= Erdkundliches Wissen, Band 116). Stuttgart 1995 *und* Werlen, Benno: Band 2. Globalisierung, Region und Regionalisierung. (= Erdkundliches Wissen, Band 119). Stuttgart 1997.

Die raumbezogenen – politischen und pädagogischen – Vorgehensweisen der letzten Jahre, wie sie in den Feldern der Sozialen Arbeit als Sozialraumorientierung realisiert werden, zeigen, wie anspruchsvoll es ist, eine räumliche Haltung einzunehmen. Immer wieder wird mit den raumbezogenen Strategien und Maßnahmen, wie sie im Moment vorherrschen, entweder eine verkürzte konstruktivistische oder eine verkürzte materialistische Perspektive eingenommen. Allzu schnell werden immer wieder Raumkonzepte und Raumbegriffe entworfen oder übernommen, in der Hoffnung, damit konzeptionelle und konkrete Gestaltungsinstrumente in der Hand zu haben. Räume werden als Handlungs- oder Entwicklungsräume beschrieben, und damit suggeriert, diese könnten, wenn man nur wolle, den Bedürfnissen der Adressaten entsprechend gestaltet werden. Andere Ansätze betonen die Segregations- und Ausschlussphänomene und unterstellen, dass die Betroffenen qua Wohnort schon von allen Einfluss- und Beteiligungsmöglichkeiten ausgeschlossen seien (*Exklusion*). Es wird davon ausgegangen, dass Sozialräume bestimmbare Quartiere, Wohnareale, Straßenzüge oder Häuserblöcke darstellten. Straße 1 bis Straße 5 werden dann als „ein Sozialraum" beschrieben oder aber der Stadtteil X und der Bezirk Y.

Originaltext aus:
Fabian Kessl und Christian Reutlinger: Sozialraumforschung. Eine Einleitung. In: Dies (Hrsg.): Schlüsselwerke Sozialraumforschung. Traditionslinien in Texten und Kontexten. Wiesbaden 2008.

„Soziale Praktiken sind immer räumliche Praktiken und zugleich konstituieren soziale Praktiken Geltung und Gültigkeit räumlicher Praktiken und können diese auch wieder verändern. Vor dem Hintergrund dieser Prämisse gehen Studien zur Sozialraumforschung davon aus, dass die bestehenden Raumordnungen Ausprägungen von sozialen Prozessen, diskursiven Formierungen und historischen Markierungen darstellen. Raumordnungen stellen somit wirkmächtige Materialisierungen politischer Kämpfe dar. (...)

Die Sozialraumforschung fokussiert – diskursive wie materielle – Raumordnungen in ihrer historischen und aktuellen Formation und deren (Re)Produktion. Zentrale Analysedimensionen der Sozialraumforschung sind deshalb soziale Ungleichheit, Macht- und Herrschaftsverhältnisse und damit politische Kämpfe. Studien der Sozialraumforschung sind immer in einer Analyse der jeweiligen sozialen, historischen, diskursiven und territorialen Kontexte zu verankern. Nur so können Arbeiten zur Sozialraumforschung ihrer erkenntnistheoretischen Prämisse einer konstitutiven Gleichzeitigkeit von Raumkonstruktion *und* Raumordnung gerecht werden."

(Kessl/Reutlinger 2008, 17 f.)

Um derartige – konstruktivistische wie materialistische – Verkürzungen vermeiden zu helfen, werden im vierten Kapitel die häufigsten und einflussreichsten Raumbilder, die aktuell innerhalb der sozialpädagogischen Sozialraumorientierung gezeichnet werden, vorgestellt. Damit soll eine Kontextualisierung im Sinne eines relationalen Raumverständnisses ermöglicht werden.

Raumtheoretische Einwände werden innerhalb der Diskussionen um eine sozialraumorientierte Neujustierung Sozialer Arbeit oft mit dem Hinweis zurückgewiesen, dass die Frage nach den zugrunde gelegten Raumbegriffen und Raumkonzepten letztlich nur eine akademische und nicht handlungsrelevante Frage sei. Auch die Frage, was mit sozialräumlichen Programmen und Arbeitsweisen für die jeweiligen Vorgehensweisen intendiert werde und welche Konsequenzen für die Beteiligten daraus hervorgehen, wird gerne als (zu) akademisch abgetan oder zumindest in die Verantwortung von Sozialpolitikern verwiesen. Entscheidend seien nicht solche raumtheoretischen Grundsatzfragen, sondern die Bearbeitung konkreter sozialpädagogischer, aber auch schulorganisatorischer, sozialplanerischer und städtebaulicher Aufgaben. Demgegenüber wird im Folgenden argumentiert, dass sich raumbezogene Vorgehensweisen, die sich entsprechenden systematischen Vergewisserungen verweigern, der Gefahr aussetzen, zu übersehen, in welchem Kontext sie agieren, welche Möglichkeiten sie mit sozialraumorientierten Vorgehensweisen eröffnen und welche sie zugleich aber verschließen. Raumbezogene Praktiken müssen die Macht- und Herrschaftsverhältnisse, in die sie eingebunden sind, realisieren und sich bewusst dazu positionieren, so die hier vertretene These. Das ist notwendiger Bestandteil einer *reflexiven räumlichen Haltung*. Denn das Ziel, den Adressaten ein möglichst breites Spektrum an Handlungsoptionen bereitzustellen, erfordert die Ausweitung und nicht die Schließung von Handlungsmöglichkeiten. Dazu ist nicht nur systematisches Wissen vonnöten, sondern auch die Einnahme einer *politischen* Positionierung unvermeidlich.

Originaltext aus:
Benno Werlen: Raus aus dem Container! Ein sozialgeographischer Blick auf die aktuelle (Sozial-)Raumdiskussion. In: Projekt „Netzwerke im Stadtteil" (Hrsg.): Grenzen des Sozialraums. Kritik eines Konzepts – Perspektiven für Soziale Arbeit. Wiesbaden 2005, S. 15–35.

„Was also kann ‚Raum' im Rahmen einer tätigkeitszentrierten Perspektive heißen, wenn es sich dabei nicht um ein objekthaftes Behältnis des Sozial-Kulturellen handeln kann? Wie ich an anderer Stelle gezeigt habe, gibt es gute Gründe, ‚Raum' als nichts anderes als einen Begriff zu verstehen, allerdings auch als einen ganz besonderen Begriff: nicht einer, der einen besonderen Gegenstand bezeichnet – wie dies insbesondere Descartes und Newton behauptet haben –, aber auch nicht einer, der jeder Erfahrung vorausgeht, wie dies von Kant postuliert wurde. (...)

‚Raum' ist mehr als ein *Apriori*, weil er tatsächlich auf Erfahrung beruht – allerdings nicht auf der Erfahrung eines besonderen und mysteriösen Gegenstandes ‚Raum', sondern auf der Erfahrung der eigenen Körperlichkeit, deren Verhältnis zu den übrigen ausgedehnten Gegebenheiten (inklusive der Körperlichkeit der anderen Subjekte) und deren Bedeutung für die eigenen Handlungsmöglichkeiten und -unmöglichkeiten. Erst diese Ausgangslage eröffnet die Perspektive für die Entwicklung eines handlungszentrierten Verständnisses von ‚Raum'."
(Werlen 2005, S. 29)

2. Die natürliche und die konstruierte Raumordnung

? *Leitfrage: Worüber sprechen wir eigentlich, wenn wir vom Raum sprechen?*

Alltagssprachlich scheint uns auf den ersten Blick einsichtig, was mit Raum gemeint ist. Wenn wir über einen Raum sprechen, meinen wir einen Ort: einen Platz, ein Territorium oder ein bestimmtes Areal. Wir sprechen von „unserem Wohnraum" und meinen ein konkretes Zimmer oder eine einzelne Wohnung. Wollen wir einen solchen konkreten Ort definieren, vermessen und berechnen wir ihn. Dazu nutzen wir physikalische und mathematische Kategorien und Instrumente: Wir messen Raum- und Hohlmaße oder zählen die Einheiten, die den Raum umschließen, um ihn genau bestimmen zu können. Ein solcher physikalischer Raum scheint dann durch seine Länge mal seine Breite mal seine Höhe eindeutig, das heißt objektiv bestimmbar. Das Dilemma ist nur, dass Naturwissenschaftler schon seit Anfang des 20. Jahrhunderts Zweifel an einer solchen objektivierbaren und in diesem Sinne absoluten Raumvorstellung anmelden. Grundlegend für diese systematischen Zweifel sind die relativitätstheoretischen Überlegungen Albert Einsteins, mit denen eben auch physikalisch und mathematisch die Idee eines absoluten Raums, das heißt die Vorstellung einer dem menschlichen Handeln per se vorgängigen Wirklichkeit des Räumlichen problematisch wird.

Philosophisch ist die Idee eines absoluten Raumes sogar schon bereits weit vor Einstein ins Schwanken geraten. Bereits mit dem Beginn der Neuzeit wurde grundlegende Kritik an der bis dahin dominierenden Denkweise formuliert, dass der Kosmos eine hierarchische Raumordnung aus Gottes Hand darstelle. Gott, so schreibt demgegenüber beispielsweise der Naturphilosoph und Theologe Nicolaus Cusanus (1401–1464), sei sowohl im Kleinsten wie im Größten. Damit spekuliert Cusanus über die Möglichkeit, dass die bis dahin im Abendland fast allmächtige Vorstellung des einen ordnenden Mittelpunkts in einer universalen Raumordnung, die Vorstellung des ordnenden Gottes also, falsch sein könnte. Diese Dezentrierung der einen Raumordnungseinheit kommt im 15. Jahrhundert noch einer denkerischen Revolution gleich, was der an Cusanus Überlegungen anknüpfende Giordano Bruno oder dessen Zeitgenosse Galileo Galilei auch sehr deutlich zu spüren bekamen, als die kirchliche Inquisition „Verfahren" gegen sie eröffnete. Bruno bezahlte seine Analysen schließlich mit dem Tod.

Originaltext aus:
Stefan Günzel: Philosophie. In: Fabian Kessl, Christian Reutlinger, Susanne Maurer und Oliver Frey (Hrsg.): Handbuch Sozialraum. Wiesbaden 2005, S. 89–110.

„Nahezu die gesamte (Begriffs-)Geschichte (Gosztonyi 1976, Breidert et al. 1992, Wertheim 2000) sollte es (...) dauern, bis ‚Raum' (auch) als ein sozial konstituierter entdeckt wurde bzw. gedacht werden konnte. Dies liegt nicht an den Philosophen allein, sondern zumeist an historischen und epistemischen Rahmenbedingungen, unter denen ‚Raum' für sie jeweils nur denkbar war oder überhaupt erst ein mögliches Thema werden konnte (Cornford 1976). Säkularisierung, Technisierung und Globalisierung benennen dabei drei historische Prozesse, die den Raumbegriff irreversibel verändern: So war noch lange nach den dogmatischen Lehren des Mittelalters der Begriff des Raumes von *theologischen Vorstellungen* (einem jeweiligen Gottesbegriff, v. a. die Gleichsetzung von Gott und endlosem Raum) geprägt, deren Schemata selbst für die Physik lange Zeit eine hohe Hürde darstellten (Jammer 1960). Der Wegfall des Schöpfergottes eröffnet auch erst für die Naturwissenschaften die Möglichkeit zur Durchsetzung nihilistischer Kosmologien. Jede Epoche ist ferner durch technische Apparaturen und *Medien* bestimmt, deren Auftauchen den Raum affiziert (Burckhardt 1994): So stiftet der gotische Kathedralenbau das Bild eines vertikalen, zum Himmel weisenden Raumes. Telekinematische Apparate wiederum verkürzen Distanzen und verbinden ehedem getrennte Räume. Zuletzt steht Raum in Abhängigkeit von der sich verändernden *Geographie* bzw. einer Nutzung, Eroberung, Erweiterung und schließlich auch einer ‚Schließung' des Raumes (Schlögel 2003). Dominieren in der Antike noch Raumvorstellungen, die eher Nahweltkonzeptionen bedeuten und sich entlang der Vorstellung vom griechischen Stadtstaat (gr. *polis*) – in Absetzung von den despotischen Reichen in Asien und den nomadischen Lebensformen im Norden – organisieren, so erweitert sich der Raum in der Neuzeit und mit der Eroberung der ‚Neuen Welt' als Möglichkeitshorizont ins Unendliche, dem entgegen heute (wieder) seine Endlichkeit (nun) im Angesicht des Globalen im Vordergrund steht."

(Günzel 2005, S. 90)

Deutlich machen diese kurzen historischen Notierungen, dass absolute Raumvorstellungen bereits früh relativierende Einwände erfahren haben. Raum ist sozialen Praktiken nicht vorgängig (*Präskription*), sondern selbst Ausdruck derselben. Zugleich bestimmt er diese aber wiederum mit (*Prä-*

gung). Wenn also Raum keinen Wirklichkeitsbegriff darstellt, zugleich aber auch wirkmächtig ist, stellt sich die Frage, in welcher Weise man diese Prägung menschlichen Handelns beschreiben und erfassen kann?

Die Wirkung von Räumlichkeit lässt sich am besten exemplarisch verdeutlichen. Es ist schnell einsichtig, dass die räumliche Markierung einer Staatsgrenze eine sehr wirkmächtige Differenz zwischen der einheimischen und anderen Bevölkerungsgruppen symbolisiert. Diese Symbolisierung wird am deutlichsten an der Tatsache erfahrbar, ob man und wenn ja, über welche Staatsbürgerschaft man bei Grenzübertritt verfügt. Denn die unterschiedlichen Zugehörigkeiten oder Nicht-Zugehörigkeiten entscheiden darüber, ob die Grenze zur unüberwindlichen Schwelle wird oder relativ unproblematisch überwunden werden kann. Doch auch bei einem geglückten Grenzübertritt, beispielsweise eines EU- Bürgers von einem EU-Staat in einen anderen, kann die Symbolkraft einer Grenzziehung deutlich spürbar werden. Dann nämlich, wenn man der Sprache des Nachbarlandes nicht mächtig ist. Besteigt man beispielsweise in der Hafenstadt Calais die Fähre nach England und spricht dort mit Angestellten der Fährgesellschaft noch französisch, so sprechen die Angestellten des Restaurants in Dover unter Umständen zwei Stunden später ausschließlich englisch. Doch diese sprachliche Differenz hat ihre Quelle nicht in der räumlichen Markierung der Staatsgrenze, sondern ist das Ergebnis spezifischer historischer Staatsbildungsprozesse. Die Staatsgrenze ist somit selbst ein räumlicher Ausdruck sozialer Prozesse. „Nicht die Länder, nicht die Grundstücke, nicht der Stadtbezirk und der Landbezirk begrenzen einander; sondern die Einwohner und Eigentümer üben die gegenseitige Wirkung aus", so stellt der Soziologe Georg Simmel in seinen raumsoziologischen Überlegungen bereits 1903 fest (Simmel [1903] 1995, S. 228). Führt man die räumliche Markierung solcher sozialer Prozesse nun aber auf den Raum als einen konkreten Ort selbst zurück, das heißt am hier gewählten Beispiel gesprochen auf das Stückchen Erde, das die Staatsgrenze zwischen Frankreich und England markiert, produziert man – sozialwissenschaftlich gesprochen – einen ökologischen Fehlschluss. Man schließt also von der Tatsache, dass eine bestimmte Staatsgrenze heute beispielsweise auch eine sprachliche Grenze symbolisiert, darauf, dass die Grenze selbst der Grund für diese Differenzen sei. Vergewissert man sich der historischen Entwicklung offizieller Amtssprachen heutiger Nationalstaaten, stellt man bald fest, wie unzureichend eine solche Deutung ist. Sowohl (Mittel)Englisch als auch Französisch werden im 13. und 14. Jahrhundert in England und im 16. Jahrhundert in Frankreich zuerst als Verwaltungssprachen installiert. Im Fall Englands umfasst der Verwaltungsraum, auf den sich diese Sprachnutzung bezieht, auch Teile des heutigen Frankreich. Im späteren Frankreich wie im späteren Großbritannien ist bis dahin Latein die Herrschaftssprache. Die Bevölkerung spricht allerdings mehrheitlich weder Latein noch das als Verwaltungssprache anschließend installierte Mittelenglisch oder Französisch. Die heute gültigen sprachlichen

Differenzen zwischen sprachlichen Gemeinschaften entlang der inzwischen gültigen staatlichen Grenzen sind also erst das Ergebnis von politischen und kriegerischen Kämpfen, die vor und nach Festlegung der Staatsgrenzen stattfanden – und nicht das Ergebnis der Staatsgrenze selbst.

Räumlichkeit ist einflussreich, sie bestimmt unser Tun. Räume gehen aber sozialen Praktiken nicht in dem Sinne voraus, dass sie als unveränderliche Handlungseinheiten bestünden. Der Prozess der EU-Integration ist ein aktuelles Beispiel dafür, dass die lange Zeit für gültig erachteten Staatsgrenzen und die damit verbundenen Differenzen zwischen Nachbarstaaten nicht nur verändert werden können, sondern auch immer wieder verändert werden. Räumliche Grenzen sind keineswegs wirkungslos, aber zugleich darf uns ihr spürbarer Einfluss nicht dazu verführen, sie als gegeben zu betrachten. Ihre symbolische Wirkung spüren wir sehr deutlich, wenn wir nicht in der Lage sind, Englisch zu sprechen, aber in Dover bei einem nur Englisch sprechenden Mitarbeiter des Restaurants etwas zu essen und trinken bestellen wollen. Wir können in einer analogen Situation aber ebenso erfahren, dass der Prozess der erhöhten internationalen Mobilität unter anderem ein Grund dafür ist, dass wir mit der Fremdsprache Englisch mit sehr vielen Menschen an sehr viel mehr Flecken dieser Welt kommunizieren können als das beispielsweise unseren Vorfahren im 19. Jahrhundert möglich war.

Zusammenfassung

Raumordnungen sind weder Gott gegeben noch von Natur aus fixiert, sondern stellen wirkmächtige Materialisierungen sozialer Prozesse dar. Der Einfluss von Räumen im Sinne physikalischer Zusammenhänge zielt nicht direkt auf die Formation sozialer Praktiken, sondern bildet eine symbolische Ordnung, in der sich historische Gestaltungspraktiken eingeschrieben haben. Menschliches Tun ist nicht direkt von räumlichen Zusammenhängen abhängig, allerdings auch keineswegs unabhängig von diesen.

Will man also die räumliche Dimension sozialer Zusammenhänge erfassen, gilt es diese symbolische Ordnung zu rekonstruieren: In welcher Weise wird in den Feldern und mit Bezug auf sie aktuell von Raum geredet? Welche räumlichen Ordnungen (re)produziert Soziale Arbeit?

Literatur zur Vertiefung:

Bourdieu, Pierre: Ortseffekte. In: ders. et al: Das Elend der Welt: Zeugnisse und Diagnosen alltäglichen Leidens an der Gesellschaft, Konstanz 1997, S. 159– 167.
Lefebvre, Henri: The production of space. Oxford 1991 (Original 1974).
Sturm, Gabriele: Wege zum Raum. Methodologische Annäherungen an ein Basiskonzept raumbezogener Wissenschaften. Opladen 2000.
Simmel, Georg: Soziologie des Raumes [1903]. In: Ders.: Schriften zur Soziologie. Frankfurt/Main 1995, S. 221–242.
Thabe, Sabine: Raum(de)konstruktionen. Reflexionen zu einer Philosophie des Raumes. Opladen 2002.

Originaltext aus:
Georg Simmel: Soziologie. Untersuchungen über die Formen der Vergesellschaftung. 5. Auflage, Berlin 1968 [1908].

„Eine weitere Qualität des Raumes, die auf die gesellschaftlichen Wechselwirkungen wesentlich einwirkt, liegt darin, daß sich der Raum für unsere praktische Ausnutzung in Stücke zerlegt, die als Einheiten gelten und als Ursache wie als Wirkung hiervon von Grenzen eingerahmt sind. Mögen nun die Konfigurationen der Erdoberfläche uns den Rahmen vorzuzeichnen scheinen, den wir in die Grenzlosigkeit des Raumes einschreiben, oder mögen rein ideelle Linien gleichgeartete Stücke des Bodens trennen wie eine Wasserscheide, diesseits und jenseits deren jedes Teilchen einem andren Zentrum zu gravitiert: immer fassen wir den Raum, den eine gesellschaftliche Gruppe in irgendeinem Sinne erfüllt, als eine Einheit auf, die die Einheit jener Gruppe ebenso ausdrückt und trägt, wie sie von ihr getragen wird. Der Rahmen, die in sich zurücklaufende Grenze eines Gebildes, hat für die soziale Gruppe sehr ähnliche Bedeutung wie für ein Kunstwerk. An diesem übt er die beiden Funktionen, die eigentlich nur die zwei Seiten einer einzigen sind: das Kunstwerk gegen die umgebende Welt ab- und es in sich zusammenzuschließen; der Rahmen verkündet, daß sich innerhalb seiner eine nur eigenen Normen untertänige Welt befindet, die in die Bestimmtheiten und Bewegungen der umgebenden nicht hineingezogen ist; indem er die selbstgenügsame Einheit des Kunstwerkes symbolisiert, verstärkt er zugleich von sich aus deren Wirklichkeit und Eindruck. So ist eine Gesellschaft dadurch, daß ihr Existenzraum von scharf bewußten Grenzen eingefaßt ist, als eine auch innerlich zusammengehörige charakterisiert, und umgekehrt: die wechselwirkende Einheit, die funktionelle Beziehung jedes Elementes zu jedem gewinnt ihren räumlichen Ausdruck in der einrah-

> menden Grenze. Es gibt vielleicht nichts, was die Kraft insbesondere des staatlichen Zusammenhaltens so stark erweist, als daß diese soziologische Zentripetalität, diese schließlich doch nur seelische Kohärenz von Persönlichkeiten zu einem wie sinnlich empfundenen Bilde einer fest umschließenden Grenzlinie aufwächst. Man macht sich selten klar, wie wunderbar hier die Extensität des Raumes der Intensität der soziologischen Beziehungen entgegenkommt, wie die Kontinuität des Raumes, gerade weil sie objektiv nirgends eine absolute Grenze enthält, eben deshalb überall gestattet, eine solche subjektiv zu legen. Der Natur gegenüber ist jede Grenzsetzung Willkür, selbst im Falle einer insularen Lage, da doch prinzipiell auch das Meer in Besitz genommen werden kann. Gerade an dieser Unpräjudiziertheit durch den natürlichen Raum macht die trotzdem bestehende unbedingte Schärfe der einmal gesetzten physischen Grenze die formende Macht des gesellschaftlichen Zusammenhanges und ihre von innen kommende Notwendigkeit ganz besonders anschaulich. Darum ist das Bewußtsein der Eingegrenztheit auch vielleicht nicht gegenüber den sogenannten natürlichen Grenzen (Gebirge, Flüsse, Meere, Einöden) das stärkste, sondern gerade an bloß politischen Grenzen, die nur eine geometrische Linie zwischen zwei Nachbarn legen. Und zwar gerade, weil hier Verschiebungen, Erweiterungen, Einziehungen, Verschmelzungen viel näher liegen, weil das Gebilde an seinem Ende an lebendige, seelisch wirksame Grenzen stößt, von denen nicht nur passive Widerstände, sondern sehr aktive Repulsionen ausgehen. Jede derartige Grenze bedeutet Defensive und Offensive; oder vielleicht richtiger: sie ist der räumliche Ausdruck einheitlichen Verhältnisses zwischen zwei Nachbarn, für das wir keinen ganz einheitlichen Ausdruck haben, und das wir etwa als den Indifferenzzustand von Defensive und Offensive bezeichnen können, als einen Spannungszustand, in dem beides latent ruht, mag es sich nun entwickeln oder nicht."
>
> (Simmel 1968, S. 465–466)

Fabian Kessl und Christian Reutlinger

2 Die (sozialpädagogische) Rede von der Sozialraumorientierung

Ausgangspunkt des zweiten Kapitels bildet die gegenwärtige (sozialpädagogische) *Rede von der Sozialraumorientierung*. In diese Rede klinken sich seit den 1990er Jahre immer mehr Rednerinnen und Redner aus ganz unterschiedlichen Bereichen der Sozialen Arbeit ein. Der Begriff der Sozialraumorientierung ist inzwischen ein „Catch-All-Begriff" geworden. Ein Begriff also, der in unterschiedlichsten theorie-systematischen Überlegungen, fachlich-handlungspraktischen Konzeptionen oder einrichtungsspezifischen Projektbeschreibungen auftaucht, dessen Bedeutung mit jeder Verwendung allerdings eher unklarer als klarer wird. Es scheint fast so, als gingen viele Autorinnen und Autoren inzwischen davon aus, dass allein der Hinweis auf „eine sozialraumorientierte Ausrichtung" ausreiche, um die angeführten Argumente oder Handlungsvorschläge für eine organisationale Neustrukturierung oder eine fachlich-konzeptionelle Neujustierung zu legitimieren. „Sozialraumorientierung ist gut" – darüber scheint in Wissenschaft und Profession der Sozialen Arbeit weitgehend Einigkeit zu herrschen. Betrachtet man die fast inflationäre Rede von der Sozialraumorientierung jedoch etwas genauer, so findet der Begriff zwar allenthalben Verwendung – die damit verbundenen Bedeutungszusammenhänge reihen sich jedoch in ganz unterschiedliche und höchst differente Denk- und Handlungstraditionen ein. Deshalb steht zu Beginn des Kapitels die Frage im Zentrum, was denn nun eigentlich genau gemeint ist, wenn heute von Sozialraumorientierung in der Sozialen Arbeit die Rede ist.

Wenn im Folgenden von „Sozialraumorientierung" gesprochen wird, ist dabei nicht nur ein Arbeitsfeld der Sozialen Arbeit, wie beispielsweise das Feld der Hilfen zur Erziehung, gemeint. Die Hilfen zur Erziehung stellen allerdings das Feld Sozialer Arbeit dar, in dem die Rede bereits seit längerem und mit am lautesten zu hören ist. Eine Rede, die auf eine Flexibilisierung der Hilfen zielt, verbunden mit der Nutzung sozialräumlicher Ressourcen im Umfeld einer bestimmten Einrichtung.

Im weiteren Text steht demgegenüber die Rede von der Sozialraumorientierung als Symbol einer *räumlichen Wende* in der Sozialen Arbeit insgesamt. Das Charakteristische dieser Rede von einer räumlichen Wende wird im Folgenden in Form zentraler „Programmformeln" der Sozialraumorientierung vorgestellt. Daran anschließend geht es um die Bestimmung und Systematisierung der verschiedenen Stimmen, die sich in diese keineswegs einheitliche Rede einmischen. Dazu werden zentrale Thematisierungsformen identifiziert, das heißt deutlich gemacht, wie denn hier worüber gesprochen wird. Abgeschlossen wird das Kapitel durch einen Blick in anderssprachige Diskussionsräume: In welcher Weise ist in anderen Teilen Europas von „Sozialraumorientierung in der Sozialen Arbeit" die Rede? Dies ist auch deshalb interessant, weil eine der Wurzeln sozialraumorientierten Arbeitens in den sozialökologischen Untersuchungen der so genannten Chicagoer Schule der 1920er Jahre, einem nichtdeutschsprachigen Kontext also, verankert ist. Der damals entstandene Begriff der „Social Areas" könnte somit als der Vorfahre des deutschen „Sozialraumbegriffs" angesehen werden. Im Anschluss an die Metapher eines „Mosaiks kleiner Welten", wie es einer der zentralen Vertreter der Chicagoer Schule, Robert Park (1925), formulierte, könnte die Stadt dann als Gebilde verstanden werden, welches sich räumlich in eine Vielzahl von Gebietseinheiten, den „Social Areas" – oder eben „Sozialräumen" –, untergliedert und entsprechend vermessen lässt. Genau das legen viele Autorinnen und Autoren nahe.

Doch städtische Sozialräume sind nicht als dauerhaft räumlich fixierte und klar begrenzte Territorien zu begreifen, sondern als gegenseitig durchwobene, konflikthafte und heterogene soziale Zusammenhänge (*soziale Felder*), die sich räumlich manifestieren und damit den Stadtraum zu einem mehrdimensionalen und widersprüchlichen sozialen Raum machen. Insofern wird im weiteren Text gegenüber einem Sozialraumverständnis im Sinne der „Social Areas" ein relationaler Sozialraumbegriff im Sinne aufeinander verwiesener sozialer Felder zugrunde gelegt.

1. Sozialraumorientierung als räumliche Wende der Sozialen Arbeit

? *Leitfragen: Welche Vorstellungen werden mit der sozialpädagogischen Rede von der Sozialraumorientierung verbunden? Was wird Sozialer Arbeit mit der Rede von der Sozialraumorientierung versprochen?*

Die Transformation der bisherigen nationalstaatlichen Raumordnungen ist Ausdruck einer veränderten Thematisierung sozialer Verhältnisse. Während die national-wohlfahrtsstaatliche Rede vom Raum auf der Übereinkunft basierte, menschliche Notlagen als soziale Risiken zu begreifen und damit deren Bearbeitung in öffentliche Verantwortung zu stellen, werden in post-wohlfahrtsstaatlichen Arrangements soziale Probleme zunehmend zu räumlichen Problemen umdefiniert. Erwerbslosigkeit, Armut oder fehlende Bildungsmöglichkeiten werden zu Problemen so genannter benachteiligter Bevölkerungsgruppen in bestimmten Quartieren oder Stadtteilen erklärt. Menschen, die in strukturschwachen, dezentralen oder peripheren Gebieten leben, scheinen per se mit sozialer Randständigkeit konfrontiert. Soziale Phänomene werden somit politisch zunehmend durch eine räumliche Brille betrachtet. Diese politischen Neujustierungen führen zu deutlichen Veränderungen der bisherigen Raumordnung, wie in der Einleitung bereits angedeutet wurde. Diese politische Konjunktur des Raumes ist eingebettet in eine wachsende Zahl sozialwissenschaftlicher Analysen, die explizit einen räumlichen Blick einnehmen. In der Wissenschaft spricht daher eine ganze Reihe von Autorinnen und Autoren von einem „spatial turn" oder einer „räumlichen" bzw. „geografischen Wende", um diesen in wachsender Zahl gewählten räumlichen Blick auf soziale Zusammenhänge zu beschreiben.

Originaltext aus:
Peter Schmid: Sozialraumorientierung und das Kinder- und Jugendhilferecht – ein Kommentar aus Sicht eines freien Trägers. In: Sozialpädagogisches Institut im SOS-Kinderdorf e. V. (Hrsg.): Sozialraumorientierung auf dem Prüfstand. Rechtliche und sozialpädagogische Bewertungen zu einem Reformprojekt in der Jugendhilfe. München 2001, S. 204–213.

Sozialraumorientierung bedeutet, „seinen Sozialraum kennen, präsent sein, Beratung und passende Hilfe im Einzelfall leisten, differenzierte, den örtlichen Gegebenheiten und dem Bedarf entsprechende Gruppenangebote aufbauen, die Schule unterstützen, fall- und strukturbezogene Ressourcen erschließen, Kontakte knüpfen, Berührungsängste und Widerstände überwinden, mit allen für die Belange von Kindern, Jugendlichen und Familien relevanten Personen, Initiativen und Trägern vor Ort zusammenwirken, Kooperation pflegen, Vertrauen aufbauen, Impulse aufnehmen und geben, mit Bürgermeister und Gemeinderat verhandeln, pädagogisches Grundlagenmaterial für kommunalpolitische Entscheidungen liefern und nie den Blick auf die allgemeine Lebenssituation der Kinder, Jugendlichen und Familien im gesamten Sozialraum verlieren. Dies alles ist in engster partnerschaftlicher Zusammenarbeit mit dem Allgemeinen Sozialen Dienste (ASD) zu leisten, unter Beachtung seiner vorgegebenen Arbeitsaufträge, Rahmenbedingungen und Ressourcen."

(Schmid 2001, S. 204)

In der Sozialen Arbeit, die als Feld zur Illustration der veränderten Redeweisen vom Raum und der veränderten Raumordnungen für die vorliegende Einführung ausgewählt wurde, wird diese räumliche Wende als *sozialraumorientierte Neujustierung* gefordert und vollzogen. In dieser breiten und mittlerweile zum Common Sense gewordenen Rede findet sich, wie oben bereits skizziert, in der Kinder- und Jugendhilfe, und hier speziell im Bereich der Hilfen zur Erziehung, eine inzwischen relativ ausdifferenzierte und spezialisierte Diskussion um Sozialraumorientierung. Folgende beiden Textstellen fassen die wesentlichen Aspekte dieser Diskussion zusammen.

Originaltext aus:
Mathias Schwabe: Sozialraumorientierung im Zusammenhang mit der Neuorganisation der erzieherischen Hilfen – Was soll das (Leitideen), wie geht das (Modelle), was ist dabei zu beachten (Risiken und Nebenwirkungen)? Berlin.

Sieben Kernpunkte, die in allen Sozialraum-Modellen – zumindest von den fachlichen Verlautbarungen her – eine zentrale Rolle spielen:

- (Erzieherische) Hilfen sind am Lebensort der AdressatInnen, das heißt im Stadtteil/Bezirk/Sozialraum, anzubieten und zu verwirklichen.
- Erzieherische Hilfen sind nicht entlang von Paragraphen zu konstruieren: Kritisiert daran wird zweierlei (…): einmal, daß individuelle Problemlagen schematisch institutionellen Problembearbeitungsformen zugeordnet werden und dadurch häufig ein Zuviel und/oder ein Zuwenig an Hilfe entsteht. (…) Zudem soll sich dieses Setting mit dem Hilfebedarf mit entwickeln können, gleichsam einen mit-wachsenden Maßanzug darstellen, also mehr oder weniger intensiv werden können, in der Familie oder einer Gruppe, an diesem oder jenem Ort realisiert werden können.
- An die Flexibilisierung wird noch etwas zweites gekoppelt, das nicht unbedingt damit verbunden sein müßte. Der Maßanzug spricht für ein ganz unvoreingenommenes Schauen nach dem angemessenen Hilfebedarf. Tatsächlich ist aber mit Sozialraumorientierung auch *eine klare Präferenz ambulanter Hilfen* verbunden und ein starker Wille zur Eindämmung der stationären Hilfen. Sozialraumorientierung wäre nichts ohne die Hoffnung auf *Aktivierung und Ressourcenorientierung im Fall und im Feld*. Ressourcenaktivierung im Fall heißt, ganz systematisch mit Hilfe von Checklisten und eigens angesetzten Interviews zu schauen, was die Familie alles kann, welche Krisen sie in der Vergangenheit ohne professionelle Hilfe bewältigt hat, wie sie das gemacht hat, wer ihr dabei

> geholfen hat. Hier wird zwischen *fallspezifischer, fallübergreifender und fallunspezifischer Arbeit* unterschieden. *Fallübergreifende Arbeit* meint zum Beispiel alle Gremienarbeit im Stadtteil, Suche nach geeigneten Räumlichkeiten für eine Müttergruppe, Kontaktgespräche mit zukünftigen Krisenunterbringungsfamilien, regelmäßige Kontakte mit dem SPD oder dem Arbeitsamt etc. *Fallunspezifische Arbeit* meint die Mitwirkung an einem Stadtteil-Sommerfest oder an einer aktivierenden Befragung in einer Siedlung, die Beratung eines Sportvereines in einem Vorstandskonflikt etc.
>
> ▸ Ein weiterer Aspekt der Sozialraumorientierung, eigentlich ein Unterpunkt des zuletzt genannten, besteht in der stärkeren *Anbindung der erzieherischen Hilfen an und Verzahnung mit Regelangeboten wie Schule, Hort, Kita* und anderen Einrichtungen im Stadtteil wie Jugendhaus.
> ▸ Berufliches Selbstverständnis und Verzahnungsansprüche sind auch bezogen auf die *Kooperation von MitarbeiterInnen des Öffentlichen und Freien Trägern* relevant.
> ▸ Eine andere *Kooperationsschiene betrifft alle im Sozialraum aktiven Akteure*: Das Stichwort heißt *Vernetzung*.
>
> (Quelle: www.ag78.de/Fachtagungen/Sozialraumorientierung.pdf;
> Stand 11.10.2006)

In Abgrenzung zu dieser „engen" Begriffsverwendung verwenden wir Sozialraumorientierung in dieser Einführung in einem „weiteren" oder umfassenderen Sinne: Sozialraumorientierung steht für die räumliche Wende in der Sozialen Arbeit insgesamt. Denn die damit verbundene sozialraumorientierte Rede und die gleichzeitige raumbezogene Umgestaltung sozialpädagogischer Handlungsvollzüge ist seit den 1990er Jahren in einer Vielzahl von Arbeitsfeldern Sozialer Arbeit konzeptionell propagiert, immer weiter ausbuchstabiert und in unterschiedlicher Weise implementiert worden – wenn auch die Entwicklungen im Feld der Hilfen zur Erziehung einen entscheidenden Impuls dazu gegeben haben. Sozialraumorientierung in diesem „weiten" Begriffsverständnis kann am Beginn des 21. Jahrtausends somit als *ein zentrales* Paradigma sozialarbeiterischer und sozialpädagogischer Praktiken bezeichnet werden: Soziale Arbeit soll raumbezogen umgestaltet werden und wird dies auch bereits an vielen Stellen.

Doch was ist eigentlich gemeint, wenn von dieser raumbezogenen Umgestaltung in den Feldern Sozialer Arbeit gesprochen wird?

Gemein ist den Vorstellungen von der Orientierung am Sozialraum, dass es sich dabei um ein Vorgehen handeln soll, welches sich nicht auf Einzelfälle konzentriert, sondern den Feldbezug, das heißt die Umgebung, das Umfeld der Adressatinnen und Adressaten fokussiert. Die sozialraumorientierten Strategien versprechen Innovation in Form dieser stärkeren umfeld- statt einer ausschließlich einzelfallbezogenen Vorgehensweise (*Ressourcenorientierung durch Quartiers-/Stadtteilbezug*) und durch eine (Re)Aktivierung kleinräumiger Unterstützungssysteme und Bindungsstrukturen (*Mobilisierung sozialer Netzwerke*). Primär und prioritär müsse daher für sozialpädagogische Vorgehensweisen das nahräumliche Umfeld der Adressaten und dessen Ressourcenpotenziale sein. Die erste Programmformel der Sozialraumorientierung lautet somit: „Sozialraumorientierung schaut von unten", das heißt, von den betroffenen Menschen und ihren Bewältigungsleistungen her, und nicht von „oben", das heißt, nicht aus der Perspektive von Politiken oder Gesetzen.

Sozialraumorientierung grenze sich außerdem gegen alte, überkommene Vorgehensweisen ab. Mit der alternativen Feld-, statt der bisherig prioritären Einzelfallorientierung, könne, so das Versprechen, die sozialraumorientierte Umgestaltung Sozialer Arbeit deren zunehmend verkrustete institutionelle Strukturen aufbrechen (die institutionelle „Verkrustung" wird unter dem Begriff der *Versäulung* diskutiert). Sozialraumorientierung ist somit auch ein Modernisierungsversprechen an die Soziale Arbeit: Sozialraumorientierung verspricht ein Fortschrittsprogramm. Die zweite Programmformel lautet also: „Sozialraumorientierung ist modern."

Mit der Realisierung einer sozialraumorientierten Sozialen Arbeit soll vor allem aber die Möglichkeit sozialpolitischer Mitgestaltung wieder erreicht und Soziale Arbeit zugleich zu einer Gestalterin im Prozess kommunaler Verwaltungsmodernisierung werden. Damit verspricht Sozialraumorientierung, die teilweise lang erkämpften Forderungen vor allem basisorientierter Sichtweisen endlich in die institutionellen und politischen Routinen einspeisen zu können. Die dritte Programmformel lautet somit: „Sozialraumorientierung macht gestaltungsfähig."

Zusammenfassung

Sozialraumorientierung beschreibt eine kleinräumige Neujustierung sozialpädagogischer Handlungsvollzüge, mit der bisherige institutionelle Differenzierungen überwunden, Angebote Sozialer Arbeit passgenauer und bürgernäher gestaltet, die Betroffenen und ihre nahräumliche Umgebung stärker beteiligt und die Realisierung sozialpädagogischer Maßnahmen durch diesen konkreten Ortsbezug effektiver und effizienter realisiert werden sollen. Über eine solche konzeptionelle Bestimmung einer sozialraumorientierten Sozialen Arbeit sind sich die meisten Fachvertreterinnen und -vertreter relativ einig.

Literatur zur Vertiefung:

Budde, Wolfgang/Früchtel, Frank/Hinte, Wolfgang: Sozialraumorientierung. Wege zu einer veränderten Praxis. Wiesbaden (im Erscheinen).
Gerstner, Wolfgang/Kniffki, Johannes/Reutlinger, Christian/Zychlinski, Jan (Hrsg.): Deutschland als Entwicklungsland. Transnationale Perspektiven Sozialräumlichen Arbeitens. Freiburg i. Brsg. 2007.
Köngeter, Stefan/Esser, Florian/Thiersch, Hans: Sozialraumorientierung – Innovation oder Ideologie? In: Peters, Friedhelm/Koch, Josef (Hrsg.): Integrierte erzieherische Hilfen. Flexibilität, Integration und Sozialraumbezug in der Jugendhilfe. Weinheim und München 2004, S. 75–100.
Landeshauptstadt München (Sozialreferat Stadtjugendamt)/Deutsches Jugendinstitut/Fachhochschule München (Fachbereich Sozialwesen) (Hrsg.): Tagungsdokumentation. Sozialraumorientierung in der Münchner Kinder- und Jugendhilfe. Bilanzierung – Qualität – Perspektiven. Februar 2005. (Quelle: http://www.muenchen.de/cms/prod1/mde/_rubriken/Rathaus/85_soz/08_veroeffentl/pdf/196_tagungsdokumentationsozialraum.pdf; Stand: 20. Oktober 2006).
Langhanky, Michael/Frieß, Cornelia/Hußmann, Marcus/Kunstreich, Timm: Erfolgreich sozial-räumlich handeln. Die Evaluation der Hamburger Kinder- und Familienhilfezentren. Bielefeld 2004.
Oehme, Andreas/Beran, Christina M./Krisch, Richard: Neue Wege in der Beschäftigungsförderung für Jugendliche. Untersuchung von Potenzialen in der Praxis der Jugendarbeit zur Gestaltung von sozialräumlichen Beschäftigungsprojekten. Verein Wiener Jugendzentren. Wien 2006. (Quelle: http://www.jugendzentren.at/news/infos/06-07_juli/vjz_studie.pdf; Stand 9.10.2006)

Trotz dieser in den drei Programmformeln zusammengefassten Übereinstimmung darüber, was Sozialraumorientierung sein soll, weisen die vorliegenden Konzeptionen ganz unterschiedliche Vorstellungen auf, was denn eigentlich ihr Gegenstand sei. Es ist die Rede vom Sozialraum als Stadtteil oder Quartier, als Nachbarschaft, als Handlungsraum von Bewohnern, als soziales Umfeld einzelner Gesellschaftsmitglieder, als Aneignungsraum von Jugendlichen, als Raum konflikthafter Relationierungen, als soziales Areal oder als Gemeinwesen.

Originaltext aus:
Franz Hamburger und Heinz Müller: "Die Stimme der AdressatInnen" im Kontext der sozialraumorientierten Weiterentwicklung der Hilfen zur Erziehung. In: Maria Bitzan, Eberhard Bolay und Hans Thiersch (Hrsg.): Die Stimme der Adressaten: empirische Forschung über Erfahrungen von Mädchen und Jungen in der Jugendhilfe. Weinheim und München 2006, S. 13–38.

Das Leitprinzip der Sozialraumorientierung meint eine „Reorganisationsperspektive, die sich bei der Ausgestaltung von Angeboten und Diensten an den Lebensbedingungen von Kindern, Jugendlichen und Familien in überschaubaren sozialen Räumen orientiert. Dadurch sollen zum einen niedrigschwellige Zugangsmöglichkeiten zu einer vernetzten sozialen Infrastruktur geschaffen werde. Zum anderen impliziert dieses Leitprinzip, dass die Kontextbedingungen, die zu Problemlagen führen, stärker als bisher systematisch in den Blick genommen werden, um durch die Erschließung von Ressourcen im Sozialraum zu umfassenderen Problemlösungsstrategien zu kommen. Für die organisatorische Ausgestaltung von Diensten ergibt sich in der Konsequenz die Aufforderung zur Dezentralisierung, d. h. ihrer räumlichen Verortung in zuvor definierten ‚Sozialräumen'. Dieses Leitprinzip umschreibt einen weitreichenden Planungsansatz, der den Raumbezug in den Mittelpunkt von Konzept- und Organisationsentwicklungsprozessen stellt und über Sozialraumbudgets eine bedarfsorientierte Ressourcenverteilung ermöglichen soll. Dabei bleiben die gegebenen oder fehlenden Qualitäten eines bestimmten Sozialraums als Lebensbedingungen für junge Menschen die Bezugspunkte für pädagogisch begründetes Planungshandeln."

(Hamburger und Müller 2006, S. 17)

Sozialräume werden also entweder als geografische Einheiten – als Stadtteil, Wohnareal oder Straßenzug –, als Handlungs- und Aneignungszusammenhänge, als Gemeinwesen bzw. kommunale Öffentlichkeit, als ein soziales Beziehungsgefüge oder Netzwerk oder schlicht als eine spezifische Bevölkerungsgruppe verstanden. Viele sozialpädagogische Sozialraumkonzeptionen verwenden auch nicht nur einen dieser Sozialraumbegriffe, sondern verweben oder vermengen unterschiedliche. Außerdem scheint der Sozialraum für die einen eher einen konflikthaften und daher machtförmigen Zusammenhang darzustellen, während andere den Sozialraum als das Ergebnis einer erfolgreichen Intervention betrachten, mit der soziale Harmonie erzeugt werden soll.

Originaltext aus:

1 Wolfgang Preis und Gisela Thiele: Sozialräumlicher Kontext sozialer Arbeit. Eine Einführung in Studium und Praxis. Chemnitz 2002.

2 Johann Schneider: Sozialraum Stadt. Sozialraumorientierung kommunaler (Sozial-)Politik – eine Einführung in die Sozialraumanalyse für Soziale Berufe. Frankfurt/Main 2005.

3 Marlo Riege und Herbert Schubert: Zur Analyse sozialer Räume. Ein interdisziplinärer Integrationsversuch. In: Dies. (Hrsg.): Sozialraumanalyse. Grundlagen – Methoden – Praxis. Wiesbaden 2005, S. 7–68.

1 „Raum ist zunächst einmal der äußere Raum, der Raum, in dem wir leben, der als verfügbarer Raum pro Person oder Familie bzw. als verfügbare Fläche im Wohnbereich pro Person verstanden wird. Daneben steht der innere Raum, der Wahrnehmungsraum, den wir mit unseren Sinnen erfassen, riechen, sehen, hören können, der Raum unserer Wahrnehmung, unserer Träume, Hoffnungen und Leidenschaften, der dunkel und hell sein kann, weit und licht oder eng und versperrt.

Der Sozialraum als eigentlicher Lebensmittelpunkt ist der zentrale Ort, in dem sich unser Leben, unsere Zeit und Geschichte abspielen, in dem wir uns entwickeln. Konkret können das die Familie, Häuser, Straßen und Plätze, Institutionen usw. sein. Räume und Territorien werden sozial bestimmt und sind schalenartig um den Menschen herum organisiert."

(Preis und Thiele 2002, S. 11)

2 „Implizit wird in der Diskussion auch überwiegend davon ausgegangen, dass Sozialräume horizontal angeordnet sind. Demgegenüber gehen unsere Überlegungen davon aus, dass sie sich nicht nur überlappen können, sondern auch nach der Logik von System und Subsystem strukturiert sein können. So werden wir vom Sozialraum Stadt als ganzer sprechen, wie auch von Stadtteilen und kleineren Quartieren oder Milieus, wobei diese kleinerenRäume durch die größeren mit geprägt sind und auch das Verhältnis der Räume zueinander einer große Rolle spielt. (...)

Bevor wir uns der Sozialraumorientierung Sozialer Arbeit widmen, wie sie allerorten gefordert wird und verdächtige Hochkonjunktur hat, sollten wir uns vor allem zwei Überlegungen (...) ins Gedächtnis rufen. Die erste ist die, dass die BewohnerInnen einer Stadt, aber vor allem auch die im selben Wohngebiet, individuelle und unterschiedliche Sozialräume haben, die zweite, dass urbane Sozialräume eine heterogene Einheit bilden. (...) Wir haben schon mehrfach darauf hingewiesen, dass sich die unterschiedlichen Wohngebiete und Stadtteile hinsichtlich ihrer Sozialraumqualität unterscheiden. Sie bilden dennoch als Gesamtstadt einen einheitlichen, wenn auch heterogenen, weil intern differenzierten Sozialraum. (...) Die Heterogenität der Stadtteile als Sozialräume wird ergänzt durch die Individualität der Sozialräume als Teil der jeweiligen Lebenswelten. (...)

Die Heterogenität der Stadt als Sozialraum und das Ineinandergreifen der unterschiedlichen Sozialräume muss in der Sozialraumorientierung immer im Auge behalten werden und verbietet es, an den Grenzen eines spezifischen Raumes halt zu machen."

(Schneider 2005, S. 10 und S. 74–78)

3 „Zurzeit liegt ein Methodenrepertoire zur empirischen Erfassung von Sozialräumen nicht in gebündelter Form vor, geschweige denn in erprobten Resultaten. Erstaunlicherweise enthalten auch die neueren Veröffentlichungen zur so genannten Qualitativen Sozialforschung wenige bis keine Beiträge über die Analyse von Sozialräumen (...). Die – erneute – Rückbesinnung auf klassische historische Ansätze wie die Chicago Schule und die Soziographie ist daher nahe liegend. Es handelt sich um einen Rückgriff auf deren Untersuchungsmethoden, aber auch auf die inhaltlichen Anliegen. Der Blick fällt dabei vor allem auf die Verteilung sozialer Gruppen im städtischen Raum, um insbesondere Armuts- bzw. Ausgrenzungsprozesse (Segregation) sowie deren Auswirkungen innerhalb gegebener Sozialräume abbilden zu können. (...) Jedoch weist die aktuelle Orientierung am sozialen Raum in der Praxis von sozialer Stadterneuerung, Sozial- sowie Jugendhilfeplanung und Organisationsentwicklung über dieses (d. h. eine räumlich eingegrenzte Sozialstruktur FK/CR) Verständnis hinaus, indem der ortsbezogene, räumlich zuzuordnende Kontext von Verhaltensweisen und Nutzungsroutinen mit einbezogen wird. (...)

Unter ‚Sozialraumanalyse' darf deshalb nicht das eine Konzept oder die eine Methode verstanden werden; sie muss vielmehr theoretisch wie methodisch die unterschiedlichen Perspektiven von den menschlichen Verhältnissen widerspiegeln. Dies kann gelingen, wenn die empirischen Instrumente der verschiedenen Professionen und wissenschaftlichen Disziplinen methodisch zu einem umfassenden Modell von Sozialraumanalyse integriert werden, das nicht nur deskriptive Funktionen aufweist, sondern in der mikro- und mesosoziologischen Annäherung an städtische Räume auch verdeutlicht, wie sich gesellschaftliche Prozesse in den Teilräumen der Stadt auswirken."

(Riege und Schubert 2005, S. 8 und S. 50)

Die Rede vom Sozialraum in der Sozialen Arbeit ist also ebenso wie die vorliegenden sozialraumorientierten Vorgehensweisen dahingehend höchst different, welche Raumbilder den jeweiligen Einschätzungen zugrunde gelegt werden, was also jeweils unter Sozialraum verstanden wird. Gemeinsam ist den sozialpädagogischen Sozialraumorientierungsprogrammen und -maßnahmen nur, dass sie ein bestimmtes oder mehrere ineinander verwobene Raumbilder voraussetzen, allerdings ohne diese Vorannahmen zu explizieren. Nun dient allerdings das jeweils vorausgesetzte Raumbild der Legitimation des präferierten sozialraumorientierten Interventionsprogramms, das heißt, eine bestimmte Strategie der Sozialraumorientierung wird auf Basis dieser Vorstellung vom Raum als vorteilhaft vorgestellt bzw. andere Handlungsvarianten verworfen. Einige Autorinnen und Autoren folgern beispielsweise aus einer Diagnose der allgemeinen Globalisierung eine neue *Relevanz lokaler Räume*: Die ökonomische Globalisierung, das heißt die Restrukturierung des internationalen Raums im Sinne eines Marktsystems, zerstöre die Lebensgrundlagen der Menschen. Diese könnten nun nurmehr in den Nahräumen der Gesellschaftsmitglieder rekonstruiert werden, weshalb sozialraumorientierte Maßnahmen sich diesen zuzuwenden hätten und dort gerade auch ökonomische Potenziale wecken sollten (zum Beispiel Gemeinwesenökonomie). Andere Autorinnen und Autoren ziehen aus der Annahme, Armut und soziale Probleme insgesamt konzentrierten sich auf einzelne *soziale Brennpunkte*, den Schluss, sozialraumorientierte Maßnahmen seien genau dort anzusiedeln (zum Beispiel Quartiersmanagement). Ein dritte Gruppe von Autorinnen und Autoren plädiert mit Verweis auf die Annahme, kleinräumige Einheiten seien entscheidende Identitätsräume, für ein Bildungsprogramm, das auf die Ausbildung einer kommunalen Öffentlichkeit zielen müsse (zum Beispiel Kommunalpädagogik). Nochmals eine andere Gruppe von Autorinnen und Autoren plädiert vor dem Hintergrund einer Annahme, kleinräumige Einheiten, wie einzelne Stadtteile, stellten die entscheidenden *Aktionsräume* für die Bewohner dar, für ein Programm der *Mobilisierung lokaler Kleingemeinschaften* in diesen Stadtteilen (zum Beispiel Aktivierungsstrategien im Bereich des bürgerschaftlichen Engagements).

Spart man, wie in diesen beispielhaft dargestellten Erklärungsmustern, die explizite Darstellung der eigenen Vorannahmen aus, bleibt ungeklärt, inwiefern berechtigterweise aus dieser Vorannahme, aus dieser Raum-Vorstellung, die präferierte Schlussfolgerung gezogen werden kann. Doch kann man wirklich davon ausgehen, dass Stadtteile einen besonders relevanten Aktionsraum der Bewohnerinnen und Bewohner ausmachen? Konzentrieren sich menschliche Notlagen in einzelnen Stadtteilen in den letzten Jahren tatsächlich in besonderem Maße? Stimmt die Diagnose des Nahraums als eines entscheidenden Identitätsraumes? Können lokale Räume nachvollziehbarerweise einen Gegenentwurf zu den ökonomischen Globalisierungsprozessen anbieten?

Fachlich ist sich die Mehrheit der theoriekonzeptionellen wie handlungspraktischen Akteure in den Feldern Sozialer Arbeit einig, dass eine rein sozialpädagogische Einzelfallorientierung, die den jeweiligen Kontext vernachlässigt und zudem den Fall aufgrund bestimmter institutioneller Gegebenheiten in Einzelteile aufspaltet – zum Beispiel sozialpädagogische Familienhilfe aufgrund der einen Diagnose hier, Erziehungsberatung aufgrund einer zweiten Diagnose dort und Nachmittagsbetreuung für die Kinder aufgrund einer dritten Diagnose nochmals woanders – nicht wünschenswert ist. Doch muss eine solche Einbeziehung der Lebenswelt- oder (Um)Feld-Bedingungen gleichbedeutend mit einer Orientierung am Nahraum (zum Beispiel Stadtteil oder Quartier) der Betroffenen sein? Und welche Orientierung ist dann die entscheidende: diejenige am Stadtteil als „Aktionsraum", als „sozialem Brennpunkt", als „kommunaler Öffentlichkeit" oder als „Raum des Gemeinwesenökonomischen" oder noch eine ganz andere? Und wie verhalten sich solche Raumbilder wiederum zu der Kategorie des Nah- oder Kleinräumigen?

Zusammenfassend wird deutlich, dass die sozialraumorientierten Redeweisen vom Raum in den Feldern Sozialer Arbeit die veränderten Raumordnungen zumeist nicht explizit in den Blick nehmen. Fragen danach, wie sich die Aktionsräume der Gesellschaftsmitglieder verändern, was sich hinter der Diagnose sozialer Brennpunkte verbirgt oder inwiefern gerade die Nahräume der Gesellschaftsmitglieder von ihnen als Identitätsräume erfahren werden, bleiben vielfach ausgespart oder werden nur angedeutet. Damit geraten sozialraumorientierte Strategien aber in die Gefahr, nicht ausreichend zu berücksichtigen, dass solche Diagnosen selbst wieder bestimmte Raumordnungen mit konstruieren und reproduzieren. Wenn beispielsweise soziale Brennpunkte besonders in die öffentliche Aufmerksamkeit gerückt werden, wie das seit Ende der 1990er Jahren unter anderem für die Bundesrepublik Deutschland zu beobachten ist, dann kann dies zwar einerseits dazu führen, dass öffentliche Unterstützung für die dortigen Bewohner mobilisiert wird. So wurden neue Förderprogramme aufgelegt (zum Beispiel „Soziale Stadt" und Parallelprogramme „E&C" oder „Lokales Soziales Kapital"). Gleichzeitig geraten diese Stadtteile aber auch unter eine besondere Beobachtung: Sie werden als „benachteiligt" oder sogar „gefährlich" beschrieben, das heißt, sie geraten in den Sog einer neuen Stigmatisierung (*symbolische Inszenierung*). Außerdem führt deren Fokussierung häufig dazu, dass die dortigen Bewohnergruppen als eine homogene Einheit erfasst werden, obwohl ein genauerer Blick schnell zeigt, dass von homogenen Bevölkerungsgruppen keineswegs die Rede sein kann (*Homogenisierung*). Und schließlich wird dabei gerne übersehen, dass die Mehrheit der armen und/oder erwerbslosen Gesellschaftsmitglieder keineswegs in diesen Stadtteilen lebt, sondern, wie bereits angedeutet, über die Gesamtstadt verteilt sind (in Kapitel 4).

Vernachlässigt man also die Reflexion der eigenen Vorannahmen, wie sie sich in den sozialraumorientierten Strategien manifestieren, gerät Entscheidendes aus dem Blick. Das Faktum nämlich, dass Soziale Arbeit, ebenso wie die Stadtplanung oder die Gemeindepsychiatrie, einen Teil politischer Auseinandersetzungen darstellt, in denen es um nicht weniger geht als die Gestaltung des sozialen Raums.

Zusammenfassung

Die Rede von der Sozialraumorientierung erweist sich häufig als ungenaue Rede, weil nicht ausgeführt wird, in welchem Kontext der Raumbezug sozialpolitischer wie sozialpädagogischer Vorgehensweisen steht. Ein Weg zu einer solchen Kontextualisierung ist die Inblicknahme der jeweils vorausgesetzten Raumbilder. Die in diesen Raumbildern eingelagerten Vorstellungen von den Ordnungen des Räumlichen verweisen auf die Handlungsintentionen der politisch Verantwortlichen, der sozialpädagogischen Organisationen und ihrer Fachkräfte. Expliziert man diese Ordnungsvorstellungen, ist es allen Beteiligten leichter möglich zu erfassen, worauf die geplante Intervention zielt. Eine solche explizite Positionierung macht also sowohl die spezifische Interessenskonstellation dieser Interventionssituation (Machtverhältnisse) als auch die Zielsetzung transparent, womit den Beteiligten erleichtert wird, auf diese zu reagieren.

Literatur zur Vertiefung:

Kessl, Fabian/Reutlinger, Christian/Maurer, Susanne/Frey, Oliver (Hrsg.): Handbuch Sozialraum. Wiesbaden 2005.

May, Michael: Sozialraum: Unterschiedliche Theorietraditionen, ihre Entstehungsgeschichte und praktische Implikationen. In: Widersprüche: Zeitschrift für sozialistische Politik im Bildungs-, Gesundheits- und Sozialbereich, 21. Jg. Heft 82, Dezember 2001, S. 5–24.

Otto, Hans-Uwe/Ziegler, Holger: Sozialraum und sozialer Ausschluss. Die analytische Ordnung neo-sozialer Integrationsrationalitäten in der Sozialen Arbeit (Teil 1). In: Neue Praxis, 34(2) 2004, S. 117–135.

Otto, Hans-Uwe/Ziegler, Holger: Sozialraum und sozialer Ausschluss. Die analytische Ordnung neo-sozialer Integrationsrationalitäten in der Sozialen Arbeit (Teil 2). In: Neue Praxis, 34(3) 2004, S. 271–291.

Projekt Netzwerke im Stadtteil (Hrsg.): Grenzen des Sozialraums. Kritik eines Konzepts – Perspektiven für Soziale Arbeit. Wiesbaden 2005.

Schipmann, Werner: „Sozialraumorientierung" in der Jugendhilfe. Kritische Anmerkungen zu einem (un-)zeitgemäßen Ansatz: In: Merten, Roland (Hrsg.): Sozialraumorientierung. Zwischen fachlicher Innovation und rechtlicher Machbarkeit. Weinheim und München 2002, S. 127–150.

Über „Sozialraum" wird in der beschriebenen Form derzeit nur in deutschsprachigen Ländern gesprochen. Sozialraumorientierte Programme finden sich unter diesem Titel weder in englisch-, französisch- oder spanischsprachigen Zusammenhängen. Das Label der „Sozialraumorientierung" ist somit ein spezifisch deutschsprachiges Phänomen. Allerdings lassen sich zugleich im Großteil der OECD-Staaten ähnliche raumbezogene Strategien nachweisen. Zur angemessenen Kontextualisierung der Konjunktur der Sozialraumorientierung erscheint daher auch ein kurzer Blick in die europäischen Nachbardiskussionen hilfreich. Welche Differenzen und welche Parallelen bestehen zwischen der deutschsprachigen Debatte und einer Sozialraumorientierung Sozialer Arbeit und den raumbezogenen Strategien in Großbritannien, Spanien oder Frankreich?

? *Leitfrage: In welcher Weise wird außerhalb des deutschsprachigen Raumes vom Sozialraum und der Sozialraumorientierung gesprochen?*

In *Großbritannien*, aber auch in *Nordamerika*, ist der Community Work Approach ein zentraler Bestandteil der Sozialen Arbeit (*Social Work*). Community Work wird zumeist als eine alternative Interventionsstrategie präsentiert, die vor allem in Bezug auf Familien in „benachteiligten" und „unfreundlichen" Wohnarealen (*poor and unfriendly environments*) an den Ressourcen und Bewältigungsformen der Adressaten ansetzen soll. Community Work ist auch hier nur Teil umfassender sozialpolitischer Strategien der Verräumlichung des Sozialen. Für Großbritannien berichtet beispielsweise John Clarke von unterschiedlichsten raumbezogenen Initiativen: Projekte des Community Building, der Gemeindepflege, der Stadtteilsicherheit, vor allem aber der nachbarschaftlichen Kontrollstrategien – des so genannten „Neighbourhood Watch", der Initiierung lokaler (strategischer) Partnerschaften und der Einrichtung von Nachbarschaftsforen. Mit der Verschiebung von politischen wie sozialpädagogischen Interventionsstrategien hin zur Community sollen damit neue Schnittstellen erreicht werden. An diesen soll besser angesetzt werden können, indem beispielsweise Gesellschaftsmitglieder und öffentliche Instanzen miteinander verflochten werden können. Michael Fabricant weist für die USA darauf hin, dass gerade die Strategien des Wohlfahrtsstaatsabbaus zu einer Reanimierung communitybezogener Strategien geführt haben.

Eine zunehmend raumbezogene Umgestaltung sozialpolitischer Strategien und damit verbunden auch der Sozialen Arbeit zeigt sich auch in *Spanien*. Ein Beispiel dafür sind die so genannten gemeinschaftlich-ökonomischen Entwicklungsprojekte „Planes de Desarrollo Económico Comunitario" (PDEC). Auch diese Vorgehensweisen suchen ihren Ausgangspunkt in einer räumlichen bzw. territorialen Dimension: Bestimmte benachteiligte Quartiere rücken in den Fokus. Diese als neue „territoriale Gemeinschaften" beschriebenen Stadtteile werden als Orte angesehen, an welchen sich die lokalen Organisationen in Katalysatoren verwandeln sollen, um die persönlichen und kollektiven Energien, die Potenziale der Ideen, die Artikulation von gemeinschaftlichen Projekten, die Solidarität, die neuen Initiativen und die Kreativität der Bewohner zu nutzen. Die erhofften territorialen Gemeinschaften werden als Orte verstanden, an denen neue Formen des Reichtums produziert und miteinander geteilt werden können, Solidarität gelebt, bürgerschaftliche Teilhabe angeregt und Demokratie vertieft werden kann. Durch die geografische Konzentration der Bevölkerung in den Quartieren (*barrios*), den Bezirken oder Gemeinden mit bestimmten Eigenschaften, bieten sie einen spezifischen Raum der Identitätsbildung und eine förderliche Nähe für verschiedene Arten der Interventionen, so die Idee. Die Präsenz von Organisationen und verschiedenen sozialen Netzen ist der Ausgangspunkt, um an den vorhandenen (individuellen, gemeinschaftlichen, solidarischen, ökonomischen) Ressourcen in den Gebieten (*Territorien*) anzuknüpfen und diese in Entwicklungsmöglichkeiten transformieren zu können.

In einer ähnlichen Logik werden gebietsbezogen sozialpolitische Maßnahmen umgesetzt. Beispielsweise in Katalonien werden Finanzierungsmodelle gebietsbezogen nach so genannten „Quartiersverträgen" (*contratos de barrio*) angewandt. Katalonien orientiert sich dabei an französischen und kanadischen Modellen so genannter „contrats de ville". Dieser „Stadtvertrag" bildet den Rahmen, durch den der Staat, die Kommunalbehörden und ihre Partner sich verpflichten, ihre Anstrengungen konzentriert in den Dienst der territorialen Politiken für eine solidarische Entwicklung und der Stadterneuerung zu stellen. Das Ziel liegt in einer gleichmäßigen Entwicklung der Stadt, indem die dauerhafte harmonisierte Integration all ihrer Teile im Kampf gegen die Prozesse der Abwertung einzelner Gebiete (*Territorien*) angestrebt wird.

Das Instrument der Stadtverträge steht auch im Zentrum der so genannten „Politique de la Ville", mit der in *Frankreich* seit den 1980er Jahren auf die Verbesserung der Lebensverhältnisse in bestimmten städtischen Gebieten abgezielt wird – Wohnareale, die in Bezug auf bestimmte statistische Indikatoren vom städtischen Durchschnitt abweichen. Der Grundgedanke liegt auch hier in der Bekämpfung einer territorialen Verfestigung von Armutslagen und sozialer Ausgrenzung, was zu einer Verortung entsprechender Interventionsmaßnahmen in den identifizierten Quartieren selbst geführt hat. Die territoriale Politik bezieht sich somit auf territorial abgegrenzte – primär städtische – Gebiete. Wurde die französische Stadtpolitik anfänglich durch städtebaulich-architektonische Zielsetzungen charakterisiert, ist heute die Rede von einem integrierten Konzept von Maßnahmen gegen Armut und soziale Ausgrenzung. Ausgangs- und Ansatzpunkt ist ein städtisches Problemgebiet, über welches unterschiedliche politische Zielsetzungen in sozialer, kultureller und

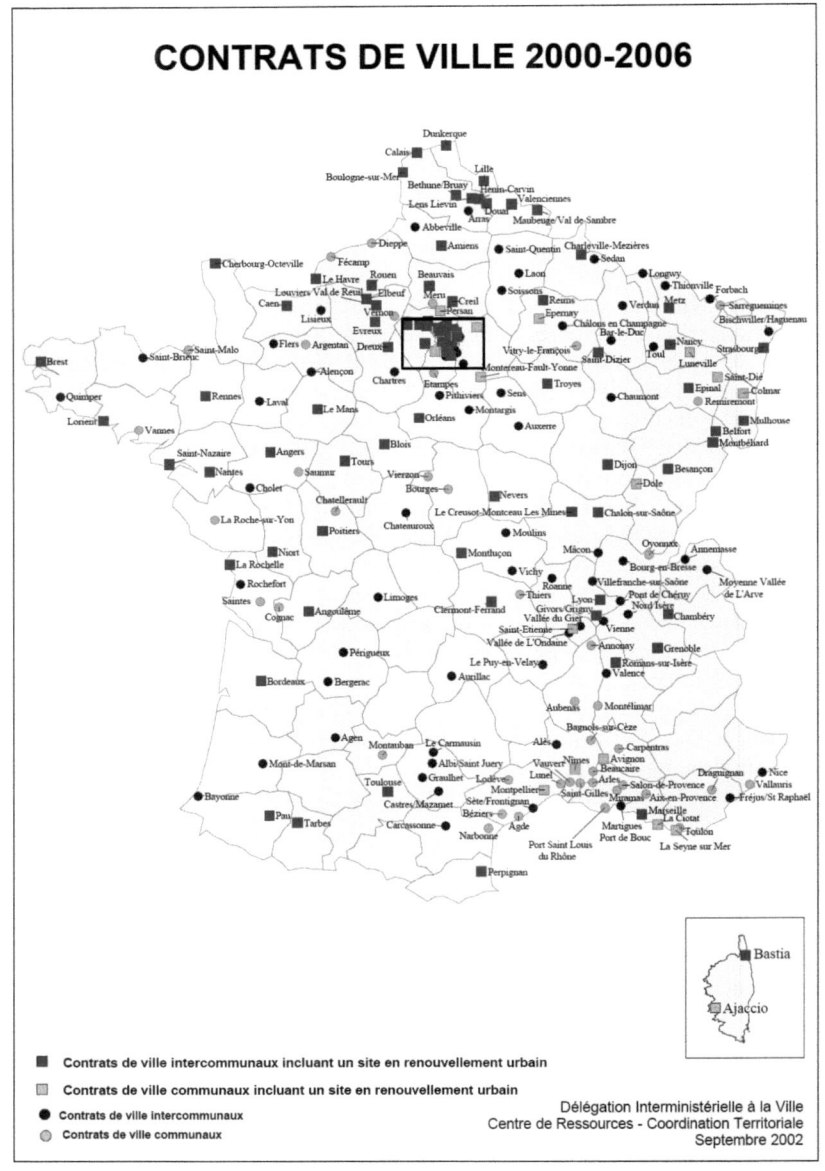

Gebiete der „Contrats de ville (Frankreich)
(Quelle: www.ville.gouv.fr/infos/ville/plan.html; Stand 15.11.2006)

Die (sozialpädagogische) Rede von der Sozialraumorientierung 55

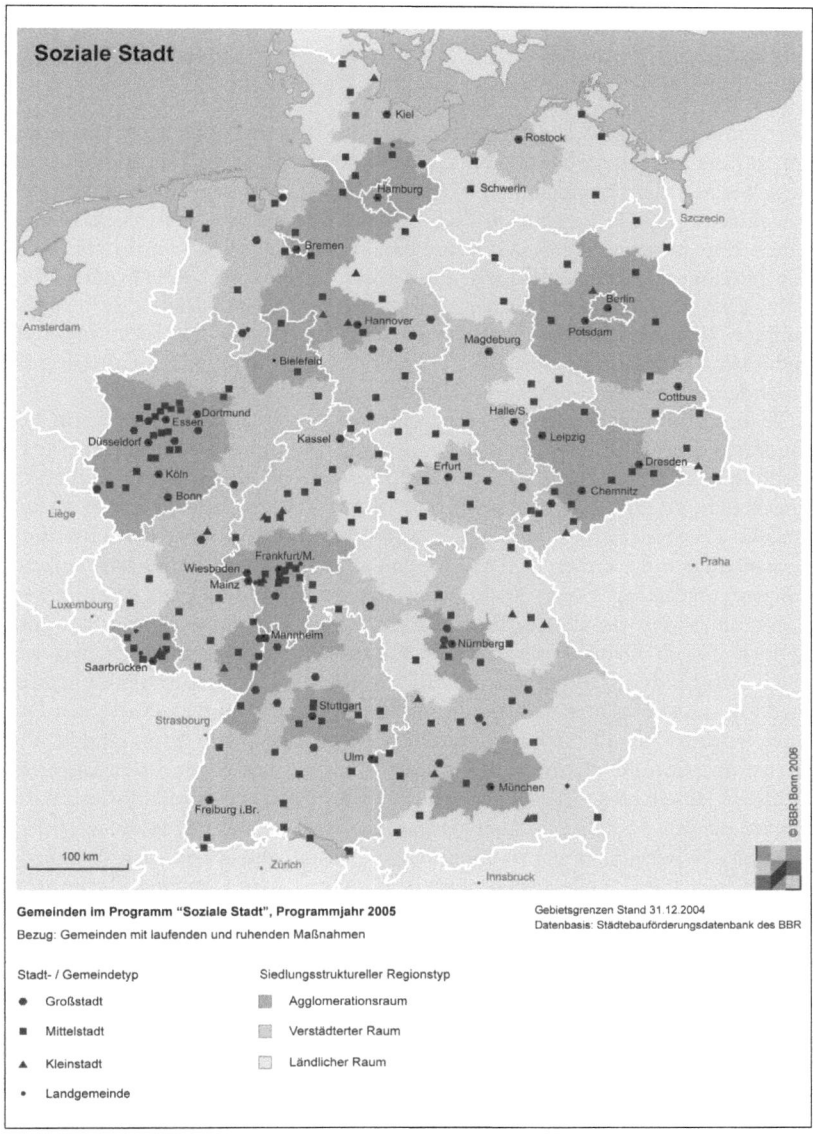

„Stadtteile mit besonderem Erneuerungsbedarf" (Deutschland)

ökonomischer Hinsicht verknüpft werden. An der zwölften Runde der Stadtverträge (*„contrats de ville"*) beteiligen sich 247 Metropolregionen mit insgesamt rund 1 500 Nachbarschaften (Laufzeit 2000–2006).

Würde man europaweit die verschiedenen sozialraumorientierten Strategien anhand der jeweiligen nationalen Diskurse (als Reden vom Raum) aufschließen, wie wir dies beispielhaft für den englisch-, spanisch- und französischsprachigen Sprachraum gemacht haben, ließe sich bei den meisten Beispielen eine bereits bestehende Visualisierung bzw. Kartografierung von (in der Regel benachteiligten) Gebieten finden, auf die sich die entsprechende Strategie bezieht. Dies kann in den folgenden Beispielen nationaler Diskurse zu benachteiligten (Stadt-)Gebieten illustriert werden (siehe Seite 54, Karte mit den Gebieten der „Contrats de ville" (Frankreich), und Seite 55, „Stadtteile mit besonderem Erneuerungsbedarf" (Deutschland)).

Während die soziale Stadtentwicklung in Deutschland „Stadtteile mit besonderem Entwicklungsbedarf" bzw. „soziale Brennpunkte" ausmacht (392 Gebiete: Stand Juli 2006), die auf der Landkarte verortet wurden, werden in Frankreich „Stadtverträge" geschlossen (247 Gebiete), die wiederum kartografisch abgebildet und damit lokalisiert wurden. Man könnte diese einzelnen Karten aneinander reihen und käme zu einer europäischen Landkarte benachteiligter Stadtteile. Diese Karte wäre das Abbild eines ganz spezifischen Raumbildes: das von abgewerteten Räumen. Dass solch eine Karte entstünde, ist kein Zufall. Denn dieses Raumbild abgewerteter Räume deutet, wie wir dies im folgenden Kapitel genauer sehen werden, auf ein zentrales Charakteristikum transformierter Raumordnung hin: Bislang ist uns die Karte von Europa bekannt als Darstellung einzelner Nationalstaaten. Nun scheint die Transformation der Raumordnung dazu zu führen, dass einerseits zunehmend größere Gebiete in den Blick geraten. Die Karte Europas ist dann – mit Ausnahme der Insel Schweiz – meist einfarbig, wenn sie die Europäische Union darstellt. Neben dieser neuen räumlichen Einheit, die „über" den Nationalstaaten liegt, findet man zunehmend Abbildungen von Gebieten, die „unterhalb" liegen, wie dies die Europakarte abgewerteter Räume zeigt. Das dahinter liegende Raumbild der abgewerteten Räume bildet die Basis vieler derzeitiger Reden vom Raum. Sozialpolitisch scheint das Raumbild des abgewerteten Raums eine dominante Rolle zu spielen. Gleichzeitig finden sich in der sozialpädagogischen Sozialraumorientierung, wie im Weiteren gezeigt wird, drei weitere einflussreiche Raumbilder.

Bevor diese vier dominierenden Raumbilder vorgestellt werden, gibt Ulrich Deinet einen Einblick in konkrete raumbezogene Vorgehensweisen in der Sozialen Arbeit – am Beispiel der Lebensweltanalyse im Feld offener Kinder- und Jugendarbeit.

Originaltext aus:
Dagmar Reichert: Räumliches Denken als Ordnen der Dinge. In: Dies (Hrsg.): Räumliches Denken. Zürich 1996, S. 15–45.

Dagmar Reichert: Das Denken: der Raum der Geographie. In: 259003 – Subjektivität und Cyberspace. Institut für künstlerische Gestaltung der TU Wien. Wien 1999, S. 14–21.

„Doch auch die geographische Karte zeigt einen logischen Raum, einen logischen Raum, durch den der Erdraum gedanklich geordnet wurde. Die geographische Karte ist das Ergebnis bestimmter, kulturell sehr tief verankerter, selbstverständlich gewordener Auswahl- und Orientierungstätigkeit. Wahrscheinlich erscheint sie uns deshalb gern als fraglos legitime Repräsentation der Erde, ja sogar als *die* gegebene Ordnung des Erdraums, als das, was dieser ‚Raum' ist. Es ist wichtig, nicht zu vergessen, daß dies nicht stimmt. Auch die geographische Karte stellt einen möglichen, d. h. einen logischen Raum dar. Auch hier gilt, was Ernst Cassirer sagt: ‚Der Raum besitzt nicht eine schlechthin gegebene, ein für allemal feststehende Struktur, sondern er gewinnt diese Struktur erst kraft des allgemeinen Sinnzusammenhangs, innerhalb dessen sein Aufbau sich vollzieht'. Dieser Sinnzusammenhang kann ein persönlicher oder ein überindividueller, kultureller sein."

(Reichert 1996, S. 21 f.)

„Der Begriff ‚Raum' wird in vielfältiger Bedeutung verwendet, immer jedoch bedeutet ‚Raum' etwas, das die Orientierung im Koexistierenden ermöglicht. Noch vor jeder Übertragung des Raumbegriffes auf *spezielle* Bereiche des zugleich Existierenden (zum Beispiel Farben im Farbraum, Zahlen im Zahlenraum, Planeten im Weltraum oder Berge und Städte im geographischen Raum der Erdoberfläche) bedeutet ‚Raum' je nach Weltbild entweder die Ordnung koexistierender Dinge bzw. Ideen oder die Grundlage ihrer Ordnung.
 Diese Ordnung (bzw. Grundlage) kann auf verschiedene Weise gedacht werden, so zum Beispiel mit Hilfe (einer beliebigen Anzahl) von (geraden oder gekrümmten) Dimensionen (die von einander unabhängig sind oder auch nicht), beliebig in ihrer (In-)Homogenität und (Un-)Teilbarkeit, beliebig im Hinblick auf (Un-)Endlichkeit und (Un-)Abgeschlossenheit, usw. Jede Festlegung in dieser Hinsicht bestimmt eine Art der Ordnung(sgrundlage) koexistierender Dinge, eine Bedeutung von ‚Raum'".

(Reichert 1999, S. 14 f.)

Zusammenfassung

Die Tendenz zur Verräumlichung des Sozialen ist ein allgemeines Phänomen in vielen OECD-Staaten. Dieser spatial turn wird in den verschiedenen nationalen Traditionen jedoch unterschiedlich diskutiert. Die Rede vom Sozialraum und von der Sozialraumorientierung bildet damit die spezifisch deutschsprachige Form, die aktuelle Neuordnung des Sozialen Raums fassen zu wollen.

Literatur zur Vertiefung:

Blanc, Maurice: Strategies for the Social Regeneration of Disadvantaged Neighborhoods in France (1977–2002). In: Walther, Uwe-Jens: Soziale Stadt – Zwischenbilanzen. Ein Programm auf dem Weg zur Sozialen Stadt? Opladen 2002, S. 211–228.

Burgers, Jack/Hommerich, Carola/Vranken, Jan (Hrsg.): Anleitung für ein erfolgreiches Stadtentwicklungsprogramm. Beispiele aus neun europäischen Ländern. Wiesbaden 2003.

Kessl, Fabian/Otto, Hans-Uwe (Hrsg.): Territorialisierung des Sozialen. Regieren über soziale Nahräume. Opladen/Farmington Hills 2007.

Reutlinger, Christian/Mack, Wolfgang/Wächter, Franziska/Lang, Susanne (Hrsg.): Jugend und Jugendpolitik in benachteiligten Stadtteilen in Europa. Wiesbaden 2007.

Soziale Stadt info 14: Themenschwerpunkt: Aktivierung und Beteiligung – Ein Blick in sieben europäische Länder. Berlin Oktober 2003. www.sozialestadt.de

Ulrich Deinet

3 Lebensweltanalyse – ein Beispiel raumbezogener Methoden aus der offenen Kinder- und Jugendarbeit

Mit der Lebensweltanalyse verfügt eine raumbezogene Kinder- und Jugendarbeit über ein methodisches Repertoire, um die Lebenswelten von Kindern und Jugendlichen zu erkunden und daraus Anforderungen nicht nur für die eigene Arbeit zu gewinnen. Mit dem Begriff der Lebenswelt werden im Folgenden die direkten und relevantesten sozialen Beziehungsstrukturen von Kindern und Jugendlichen sowie deren Aneignungskontexte beschrieben. Die Lebenswelt eines Kindes beschreibt also dessen soziales Umfeld und seinen Aktionsraum.

Lebensweltanalysen werden als Bedarfsermittlung und damit als Basis einer fachlichen Zielbestimmung in der Kinder- und Jugendarbeit vorgenommen – damit werden sie aber auch für eine raumbezogene Jugendhilfeplanung nutzbar. Mit dem hier gewählten Konzept der Lebensweltanalyse wird ein qualitatives Verständnis präferiert, das damit im Gegensatz zu den – auf Basis sozialstatistischer Daten – üblicherweise in der Jugendhilfeplanung betriebenen quantitativen Vorgehensweisen steht.

Methoden einer Lebensweltanalyse sind

- die Stadtteilbegehung mit Kindern und Jugendlichen,
- die Nadelmethode,
- das Cliquenraster,
- die Institutionenbefragung,
- die strukturierte Stadtteilbegehung,
- die Autofotografie,
- die subjektiven Landkarten und
- die Zeitbudgets.

Aus der hier vertretenen Perspektive werden Kinder und Jugendliche als kompetente Expertinnen und Experten in ihrer Lebenswelt gesehen. Sie stehen daher als handelnde Akteurinnen und Akteure im Vordergrund des Interesses lebensweltanalytischer Beobachtungen – gerade weil ihre Eindrücke selektiv und subjektiv beschränkt sind. Im Prozess der Lebensweltanalyse wird es möglich, den Kindern und Jugendlichen auf ihren Wegen zu folgen, ihre Wahrnehmungen zu verstehen und schließlich zu interpretieren.

> Originaltext aus:
> *Richard Krisch: Methoden einer sozialräumlichen Lebensweltanalyse. In: Ulrich Deinet und Richard Krisch: Der sozialräumliche Blick der Jugendarbeit. Methoden und Bausteine zur Konzeptentwicklung und Qualifizierung. Opladen 2003, S. 87–154.*
>
> „Das Ziel der hier beschriebenen Verfahren ist es, Verständnis dafür zu entwickeln, wie die Lebenswelten Jugendlicher in engem Bezug zu ihrem konkreten Stadtteil, zu ihren Treffpunkten, Orten und Institutionen stehen und welche Sinnzusammenhänge, Freiräume oder auch Barrieren Jugendliche in ihren Gesellungsräumen erkennen. Der Fokus des Erkenntnisinteresses richtet sich daher auf die lebensweltlichen Deutungen, Interpretationen und Handlungen von Heranwachsenden im Prozess ihrer Aneignung von Räumen."
>
> (Krisch 2003, S. 87)

Die konsequente Einnahme kindlicher und jugendlicher Perspektiven macht es möglich, mit Hilfe der genannten Methoden Lebensorte und Raumkonstitutionen von Kindern und Jugendlichen zu interpretieren, die etwa, wie im Fall der Schule, durch die eigentümlichen und spezifischen Platzierungspraktiken für Kinder und Jugendliche zum Teil ganz andere Funktionen haben als die offiziell vorgesehenen.

Bei der Durchführung von Methoden der Lebensweltanalyse müssen geschlechtsspezifische Formen der Raumaneignung und -gestaltung beachtet werden. So sollte immer wieder geprüft werden, ob auch Einschätzungen von Mädchen genügend Platz finden; es ist sinnvoll, einzelne Methoden mit Mädchen separat durchzuführen, etwa die Stadtteilbegehungen.

Die Durchführung von Methoden unter Beteiligung von Kindern und Jugendlichen sollte auch keine unnötigen Erwartungen bei diesen wecken („Was wünschst Du Dir oder was hättest Du hier gern?"). Es ist darauf zu achten, dass die Fragen so gestellt werden, dass die Chancen, aber eben auch die Probleme einer Umsetzung entsprechender infrastruktureller Veränderungen seitens der Jugendarbeiterinnen und Jugendarbeiter klar angesprochen werden.

Die Erfahrungen vieler Projekte haben gezeigt, dass die meisten Kinder und Jugendlichen positiv reagieren, wenn sich Erwachsene dafür interessieren, was sie an bestimmten Orten tun.

■ *Beobachter-/Forscherperspektive im (bekannten) Sozialraum einnehmen*

Lebensweltanalysen, die beispielsweise von Fachkräften der Kinder- und Jugendarbeit im Umfeld ihrer Einrichtungen durchgeführt werden, stehen zumeist vor dem Problem, dass die Fachkräfte keine externen Beobachter, sondern in den Prozess involvierte Akteurinnen und Akteure sind. Dies gilt insbesondere für den räumlichen Kontext, in dem ihre Maßnahme/Einrichtung verortet ist. Die Mitarbeiterinnen und Mitarbeiter konstruieren also ständig mit und haben sozusagen immer die „Schere im Kopf". Damit stehen sie ständig in Gefahr, limitiert zu werden, das heißt, dass es durch die institutionelle Logik schwierig ist, über den jeweiligen Horizont denken zu können. Alltagsroutinen und -theorien bestimmen häufig ihre Analysen („Wo sind die Randgruppen, die pädagogisch betreut werden müssen?"). Die Mitarbeiterinnen und Mitarbeiter denken sofort an ihre eigene Arbeit, etwa dann, wenn sie mit Cliquen in ihrem Aktionsfeld Kontakt aufnehmen („Wieso kommt ihr nicht ins Jugendhaus, passt diese Clique in unsere Einrichtung?").

Wenn aber durch eine raumbezogene Konzeptionsentwicklung, auf die lebensweltanalytische Beobachtungen zielen, die Funktion der Kinder- und Jugendarbeit neu bestimmt und verändert werden soll, muss es darum gehen, eine möglichst institutionell-distanzierte Vorgehensweise zu entwickeln, das heißt eine Vorgehensweise, die möglichst wenig durch die fachlichen Einrichtungen determiniert ist. Ziel ist somit die Entwicklung einer „Forscherperspektive" in Bezug auf die Lebenswelten der Kinder und Jugendlichen – und zwar nicht obwohl, sondern gerade weil man zunächst meint, schon alles Wichtige darüber zu wissen.

Originaltext aus:

Hiltrud von Spiegel (Hrsg.): Jugendarbeit mit Erfolg. Arbeitshilfen und Erfahrungen zur Qualitätsentwicklung und Selbstevaluation. Münster 2000.

„Arbeitsprinzipien enthalten grundlegende und umfassende Aussagen über das Selbstverständnis und die zentralen Orientierungen einzelner Fachkräfte und/oder Organisationen. Sie beziehen sich meist auf gemeinsam geteilte Werte der Profession und sind teilweise arbeitsfeldübergreifend, teilweise arbeitsfeld- und problemspezifisch formuliert, ohne jedoch eine konkrete besondere Situation im Blick zu haben. Die Aussagen sind überwiegend als wertgeleitete Aufforderungen zum Handeln, als Handlungsimperativ (tue dieses, unterlasse jenes) oder als Motto gefasst. Sie vermitteln den Fachkräften in dieser abstrakten Form jenseits aktueller Konzeptionsänderungen und institutioneller Anforderungen eine gewisse berufliche Identität, ohne das schon genauer festgelegt würde, wie in spezifischen Situationen zu Handeln sei."

(von Spiegel 2000, S. 176)

Es geht also nicht um die schlichte Anwendung einzelner Methoden – beispielsweise der unten etwas ausführlicher dargestellten Stadtteilbegehung mit Kindern und Jugendlichen, sondern um ein „raumbezogenes Arbeitsprinzip".

Für die konkrete Praxis der offenen Kinder- und Jugendarbeit hieße das, dass ein lebensweltanalytisches Arbeitsprinzip sozusagen ständig und kontinuierlich mitlaufen und die Fachkraft damit in die Lage versetzt werden sollte, die Beobachterperspektive in Bezug auf die Lebenswelten – das Umfeld der Einrichtung – und deren Veränderungen permanent einzunehmen. Ronald Hitzler sprach einmal von der „Attitüde der künstlichen Dummheit", als Ausdruck einer forschenden Haltung, mit der man immer neugierig alles beobachte, was sich verändert, mit ganz anderen Augen durch die Welt gehe. Analog dazu könnte man auch von einer lebensweltanalytischen Attitüde der künstlichen Dummheit als konstitutivem Merkmal einer raumbezogenen Kinder- und Jugendarbeit sprechen.

Bei der Lebensweltanalyse spielen immer wieder Dinge eine Rolle, die nur Kleinigkeiten zu sein scheinen, etwa die Wahl der Fortbewegungsmittel im Aktionsraum. Lebensweltlich können diese allerdings von größter Bedeutung sein: Mit dem Auto bekommt man nur relativ wenig lebensweltliche Einblicke, sehr viel mehr, detaillierter und anders erschließt sich diese bei der Benutzung öffentlicher Verkehrsmittel, vom Fahrrad aus oder zu Fuß.

▪ *Beobachtung und Verstehen*

Für die Praktikerinnen und Praktiker, die Methoden der Lebensweltanalyse anwenden, geht es weniger um die prinzipiellen Ansprüche sozialwissenschaftlicher Forschung als vielmehr um den Prozess des Verstehens.

Originaltext aus:

Barbara Friebertshäuser: Feldforschende Zugänge zu sozialen Handlungsfeldern – Möglichkeiten und Grenzen ethnographischer Feldforschung. In: Neue Praxis, 1996, Heft 1, S. 75–86.

„Gerade in der pädagogischen Arbeit nimmt Verstehen eine zentrale Position ein. Denn zum einen leiten sich alle weiteren Maßnahmen aus Verstehen ab, zum anderen weisen uns gerade die sozialwissenschaftlichen Forschungen auf die Problematik des Fremdverstehens hin."

(Friebertshäuser 1996, S. 77)

Im Gegensatz zu Alltagsdeutungen müssen Beobachtungen und Interpretationen die Wahrnehmung von Räumen in den Vordergrund stellen, das heißt, die Umsetzung in konkrete pädagogische Handlungsvollzüge ist in diesem Moment noch nicht gefragt.

Es gibt zahlreiche Beispiele sozialraumorientierter Vorgehensweisen, in denen eine Menge Material zusammengetragen und sehr viele Methoden miteinander kombiniert werden, ohne dass die gewonnenen Erkenntnisse in einen expliziten Interpretationsprozess eingespeist werden. Damit wird der Fehler gemacht, lebensweltliche Erkundungsmethoden selbst bereits als Aktionsform der Kinder- und Jugendarbeit zu begreifen. Jugendliche werden motiviert, animiert, und es werden interessante Projekte durchgeführt, die daraus hervorgegangenen Resultate werden aber nicht in Konzeptionsentwicklungsprozesse überführt. Dadurch entstehen viele Eindrücke und konkrete Materialien aus dem sozialen Umfeld – von informellen Treffs oder Ähnlichem, Jugendliche sind sehr stark beteiligt – aber wozu das Ganze? Entscheidend ist, dass die beteiligten Fachkräfte und Organisationen den Schritt wagen und die lebensweltlichen Erkundungsdaten auch interpretieren und daraus Schlüsse ziehen.

Steht das Verstehen und die Interpretation der Ergebnisse in dieser Weise im Vordergrund des Interesses, geht es nicht um Repräsentativität und eine dazu notwendige Stichprobe. Ganz im Gegenteil. Achim Schröder weist in diesem Zusammenhang auf die Bedeutung einer überschaubaren Materialmenge für qualitative Vorgehensweisen hin, wenn er formuliert, dass man insgesamt darauf achten sollte, „nur wenig Material zu sammeln, weil der Arbeit an dem Material und seiner Interpretation eine wichtige Bedeutung zukommt" (Schröder 1995, S. 566).

Mit einem solchen Ansatz des Verstehens kann auch der Gefahr einer vorschnellen Bewertung begegnet werden. Diese ist aufgrund der Nähe zum eigenen Arbeitsfeld bei den Fachkräften der Jugendarbeit sehr leicht gegeben: „Es geht nicht um eine Bewertung, sondern um ein Verstehen von Botschaften und ein Verstehen von Sinn und Bedeutung" (ebd., S. 568).

Die Fachkräfte der Kinder- und Jugendarbeit sind zumeist auf Kontaktaufnahme hin orientiert und weniger auf Beobachtung. Bei einer Lebensweltanalyse muss dieses Muster aber quasi umgedreht werden. Die Fachkräfte müssen lernen – und Spaß daran bekommen, Situationen zu beobachten, Räume wahrzunehmen und solche Wahrnehmungen nicht durch frühzeitige Kontaktaufnahme zu stören. Es geht also darum, Wahrnehmung und Beobachtung sehr bewusst einzusetzen und nicht die Interaktion in den Vordergrund zu stellen.

Es geht somit um ein bewusstes Verstehen von Räumen und Situationen. Das, was in pädagogischen Einrichtungen natürlich oft nebenbei und unwillkürlich geschieht – beispielsweise das „Abchecken" von neuen Besucherinnen und Besuchern, die eine Jugendeinrichtung betreten –, muss jetzt als methodischer Schritt systematisch ins Bewusstsein geholt werden.

Originaltext aus:
Klaus Mollenhauer und Christian Rittelmeyer: Methoden der Erziehungswissenschaft. München 1977.

„In allen Fällen ist die Beobachtung von Personen und Situationen ein unabdingbares Moment des pädagogischen Handelns. Allerdings erfolgt sie im Alltagshandeln in der Regel willkürlich, so dass die Richtung der Beobachtung, auch ihre Selektivität und die einfließende Interpretation unkontrolliert bleiben."

(Mollenhauer/Rittelmeyer 1977, S. 157)

- *Unterschiedliche Wertungen, Wahrnehmungen und Interpretationen reflektiert nutzen*

Ein weiteres Problem in der Praxis einer Lebensweltanalyse liegt nämlich – ähnlich wie in der qualitativen Sozialforschung – darin, eine möglichst unvoreingenommene Beobachterrolle einzunehmen. Persönliche Wertungen, aber auch unbewusste Interpretationen und Deutungen beeinflussen sowohl die Entwicklung einer Fragestellung/Zielsetzung für die geplante Analyse als auch die Interpretation der gewonnenen Daten. Besonders schwierig ist die Übernahme der Forscherrolle, darauf wurde bereits hingewiesen, in einem Kontext, in dem die Fachkräfte zum Teil schon sehr lange arbeiten.

Beispiel:

Eine Beraterin, die die Lebensweltanalyse einer Einrichtung begleitete, berichtet über die eingeschränkte Wahrnehmung der hauptamtlichen Mitarbeiterinnen und Mitarbeiter: Es ging um das Thema Mädchen und Sport. Die Beraterin macht die Mitarbeitern auf die Bedeutung von Sport und Sportstätten für Mädchen aufmerksam, die Sozialpädagoginnen und Sozialpädagogen häufig übersehen („Die haben für sich Sport abgehakt, also auch für die Mädchen!").

Dieser Hinweis hat dazu geführt, dass die Sozialpädagoginnen stärker darauf geachtet haben, welche Bedeutung Sport und Sportstätten für Mädchen haben, und sie haben dadurch herausgefunden, dass beispielsweise in einer Gemeinde Mädchen in einer relativ großen Gruppe einmal in der Woche zusammen zum Schwimmen gehen, sich in einem Verein ihren eigenen „Raum" schaffen, dass es eine ganze Reihe von Angeboten für Mädchen auch in den Sportvereinen des Landkreises gibt – Sport und Sportstätten also insgesamt in der Lebenswelt der Mädchen eine Bedeutung haben.

An diesem Beispiel wird deutlich, dass es weniger um ein aufwendiges methodisches Verfahren geht, sondern dass die Grundlage einer Lebensweltanalyse die eigene Einstellung bzw. das Bewusstmachen der eigenen Wahrnehmung und dessen „Öffnung" ist. Dass eine solche Perspektive zum Teil auch bewusst eingenommen werden kann, zeigt ein weiteres Beispiel aus einem Praxisseminar.

Beispiel:

In regelmäßigen Abständen geht ein hauptamtlicher Mitarbeiter, der schon lange in einem Stadtteil arbeitet, zum Verkehrsbüro seiner Stadt und zu weiteren Institutionen und Vereinen und erkundigt sich nach Angeboten für Jugendliche. Er beschreibt sein Vorgehen so: „Ich tue so, als sei ich als Jugendlicher neu zugezogen." Mit diesem Vorgehen und der damit verbundenen Sichtweise („Ich kenne mich hier nicht aus, alles ist neu für mich!") hat er schon oft neue Angebote und Institutionen kennen gelernt, die er vorher nicht kannte, obwohl er schon lange in dem Stadtteil arbeitet.

- *Einübung der Methoden im Rahmen kleiner Exkursionen, zum Beispiel während eines Seminars oder einer Tagung*

Die Übernahme eines solchen lebensweltanalytischen oder auch sozialräumlichen Blicks kann nur durch Übungen erreicht werden und nicht dadurch, dass man nur über deren Notwendigkeit spricht. Es hat sich deshalb bewährt, schon im Rahmen von relativ überschaubaren Fortbildungen (2- bis 3-tägige Veranstaltungen) Übungseinheiten einzubauen. Beispielsweise geben kleine Exkursionen Fachkräften die Möglichkeit, sich in Anwendungssituationen bestimmter Methoden in eine fremde Perspektive hineinzuversetzen.

Das außergewöhnliche Interesse der Teilnehmer/innen und der große Spaß mit dem Erleben der eigenen Beobachterrolle in einem ihnen vorher unbekannten räumlichen Kontext deutet darauf hin, dass diese Übungen Sinn machen. Besonders wichtig ist es dabei, die gewonnenen Eindrücke auszutauschen, zum einen in Bezug auf die Ergebnisse der Methoden (Beobachtungen, Interviews etc.), zum anderen in Bezug auf die Übernahme der Rolle der Forscherin/des Forschers und die damit gemachten Erfahrungen.

Beispiel: Programm für eine Exkursion/kleine Feldstudie

9.00 Uhr	Fortsetzung Methodenvorstellung
10.00 Uhr	Vorbereitung von Kleingruppen auf die Exkursion: Aufteilung unterschiedlicher Methoden auf Kleingruppen (im Beispiel fünf Kleingruppen zu den Methoden: Cliquenporträt, Jugendkulturenraster, strukturierte Stadtteilbegehung, Experteninterview und teilnehmende Beobachtung)
11.00 Uhr	Einführung in die sozial-strukturellen Bedingungen des Umfeldes der Institution/des Stadtteils durch die Jugendhilfeplanung. Verteilung von Daten- und Kartenmaterial, letzte Absprachen
12.00 Uhr	Feldarbeit der Kleingruppen

Beispiel:

➢ Nadelmethode und Cliquenraster mit Jugendlichen in zwei Jugendzentren
➢ teilnehmende Beobachtung an typischen Treffpunktorten von Jugendlichen
➢ Gruppeninterviews mit Jugendlichen aus einer Jugendgruppe
➢ Interviews mit zwei Experten (Streetworker und Pfarrer)
➢ strukturierte Stadtteilbegehungen auf der Grundlage der Hinweise der Jugendhilfeplanung

ab 16.00 Uhr	Rückkehr zur Bildungsstätte, Verarbeitung der Informationen, Verschriftlichung, Auswertung, Vorbereitung der Präsentation

■ *Verfremdung und spielerischer Umgang mit dem „sozialräumlichen Blick"*

Hilfreich sind auch spielerische Methoden, um den „sozialräumlichen Blick" einzuüben, etwa durch die bewusste Nutzung unterschiedlicher Blickwinkel. Ein Beispiel dafür ist eine Stadtteilbegehung, bei der einzelne Teilnehmer auf einem Rollstuhl gefahren werden und so die Perspektive des Rollstuhlfahrers erleben: Höhe der Bürgersteige, Beschaffenheit der Oberflächen usw. Auch das Aufsetzen verschiedenfarbiger Sonnenbrillen kann unterschiedliche Raumeindrücke erzeugen, die ausgetauscht werden können. Spielerisch können unterschiedliche Raumeindrücke mittels detektivischer Rollen gewonnen werden, wie beispielsweise durch die Einnahme des „Colombo"- und des „Sherlock Holmes"-Blicks.

Beispiel:

Der „Sherlock Holmes"-Blick versucht, aus Spuren und Indizien eine Situation zu entschlüsseln, einen Raum zu verstehen. Für die Spurensuche benötigt man etwa folgende Materialien: Taschenlampen, Zollstöcke, Diktiergeräte, Kreide, Notizbücher und Kameras, Nachtsichtgerät, Mobiltelefon, Lupe, Gummihandschuhe, Plastiktüten ...

Der „Colombo-Blick" versucht, Situationen aus einem Gespür für Räume, Atmosphären, Gesamteindrücke zu verstehen. Damit spielen hier „Kleinigkeiten" ebenfalls eine entscheidende Rolle, sie sind Teile eines Puzzles („Colombo schaut immer in die Mülleimer"). Situationen und Szenen werden beobachtet und interpretiert – womit Colombo oft ganz falsch liegt.

■ *Ausführliches Beispiel einer Methode der Lebensweltanalyse: Stadtteilbegehung mit Kindern und Jugendlichen*

Eine typische Methode, die das subjektive Aneignungsverhalten von Kindern und Jugendlichen in den Vordergrund stellt, ist die Stadtteilbegehung mit Kindern und Jugendlichen. Das Erkenntnisinteresse besteht darin, den Stadtteil aus der Perspektive von Kindern und Jugendlichen kennen zu lernen, ihre Nutzungsweisen, Bewertungen, ihre Wege und Plätze, aber auch Straßenzüge nachzuvollziehen, Informationen zu erhalten über Cliquenkonflikte oder Gefahrenbereiche. Wie bei vielen anderen solcher Methoden werden Kinder und Jugendliche als Experten ihres Lebensraumes angesprochen, und die Methode ist eine aktionsorientierte Arbeitsform, die durchaus auch im normalen Betrieb einer Kinder- und Jugendeinrichtung als Projekt durchgeführt werden kann. Solche Streifzüge durch den Stadtteil aus Sicht von Kindern und Jugendlichen schaffen unterschiedliche Einblicke, wenn diese wiederholt durchgeführt werden: mit unterschiedlichen Altersgruppen, nach Geschlecht differenziert usw. Kameras, Karten, Diktiergeräte dienen den Fachkräften dabei als Medien, um die wichtigen Informationen festzuhalten.

Wenn vorher beispielsweise strukturierte Stadtteilbegehungen durch die Fachkräfte durchgeführt worden sind – eine Methode, die bewusst darauf verzichtet, Kinder und Jugendliche einzubeziehen, sondern vielmehr die Fachkräfte selbst in ihrer Beobachterrolle in den Vordergrund stellt –, entstehen weitere interessante Wahrnehmungen und Interpretationen von räumlichen Kontexten, da diese aus der jeweiligen Sicht durchaus unterschiedlich wahrgenommen und genutzt werden.

Ergebnis solcher Stadtteilbegehungen sind oft auch Hinweise auf informelle Treffs von Kindern und Jugendlichen, das heißt Orte und Räume, die den Fachkräften vorher unbekannt waren und nun mit anderen Methoden – beispielsweise einem Cliquenporträt – untersucht werden können. Mit der Stadtteilmethode als einer typischen qualitativen Methode kann man somit interessante Einblicke gewinnen in das Erleben von Kindern und Jugendlichen in Bezug auf Orte und Räume, aber auch Institutionen und den öffentlichen Raum. Wie bereits verdeutlicht, müssen solche qualitativen Daten allerdings interpretiert werden und sind nicht per se als Bestandteile einer Konzeptionsentwicklung nutzbar. Im Interpretationsprozess ist es dann auch sinnvoll, quantitative Daten mit einzubeziehen.

■ *Von der Beobachtung zur Interpretation*

Schon die Durchführung einzelner Methoden kann zu interessanten Eindrücken und Reflexionen führen und die Formulierung weitergehender Fragestellungen ermöglichen. Das folgende Beispiel stammt aus einem Workshop zur Auswertung des ersten methodischen Schrittes einer Einrichtung in Duisburg.

Beispiel:

Das Team einer Einrichtung aus Duisburg berichtete darüber, dass es im Rahmen einer Stadtteilbegehung Kontakt mit einer Gruppe von Jugendlichen aufgenommen hat, die das Haus nicht besucht und auch nicht besuchen will. Die Mitarbeiter/innen waren sehr beeindruckt, weil sie bisher keinen Kontakt zu diesen Jugendlichen hatten und über die Gespräche erfuhren, dass diese sich mit einer Unterschriftenliste erfolglos um die Zurverfügungstellung eines Raumes gekümmert hatten. In der Analyse wurde deutlich, dass es nicht darum gehen konnte, die Jugendlichen in die Einrichtungen zu holen, sondern möglicherweise darum, dass die Mitarbeiter/innen sich für die Jugendgruppe engagieren, indem sie zum Beispiel Kontakte aufbauen und bei der Beschaffung eines geeigneten Raumes zur Verfügung stehen würden.

Dieses Beispiel zeigt einen verbreiteten Effekt: Zunächst meinen die Mitarbeiterinnen und Mitarbeiter, die jeweilige Lebenswelt sehr genau zu kennen. Daher müssen sie erst einmal motiviert werden, in eine Analyse des Umfeldes zu gehen. Dabei stellen sie dann aber oft fest, dass ihnen viele Dinge unbekannt waren, die sich ihnen nun erschließen.

Außerdem weist dieses Beispiel auf einen zweiten Aspekt hin, der immer wieder zu Verkürzungen führt: Schon nach der Durchführung einer ersten Methode werden konzeptionelle Phantasien und Entwürfe entwickelt. Damit reagieren natürlich viele Mitarbeiterinnen und Mitarbeiter auf den institutionellen und politischen Druck, der ihnen entgegengebracht wird. Für den Erfolg einer Lebensweltanalyse ist es aber entscheidend, die Fachkräfte in der „Forscherperspektive" zu halten und zuerst weitere Untersuchungsschritte vorzuschlagen und zu realisieren. Konzeptionelle Ideen und Fantasien sollten in dieser Phase durchaus schon geäußert, aber vorerst in einem Ideenspeicher zur späteren Auswertung abgelegt werden.

Die folgenden Beispiele zeigen, wie im Rahmen von Lebensweltanalysen unerwartete Ergebnisse erzielt und neue Themen erschlossen werden.

Beispiele:

In einem Stadtteil werden im Rahmen einer raumbezogenen Konzeptionsentwicklung von Mitarbeiterinnen und Mitarbeitern einer Einrichtung der offenen Arbeit mit Kindern unterschiedliche Methoden zur Lebensweltanalyse durchgeführt. Bei einer dieser Methoden handelt es sich um die Methode der Autofotografie, bei der Kindergruppen motiviert und angeleitet werden, mit Einwegkameras wichtige Eindrücke aus ihrer Lebenswelt festzuhalten. In einer Kooperation mit einer Grundschule wurde diese Methode durchgeführt und die Fotos ausgewertet. Neben der typisch kindlichen Sichtweise des eigenen Aktionsraums wurden dabei auch Problembereiche deutlich, die vorher unbekannt waren. So gab es immer wieder Fotos aus dem Bereich einer Grundschule, die in direkter Nachbarschaft zu einer Schule für Körperbehinderte steht. Typisch für die dortigen Fotografien war die Unterschrift: „Hier hat mir mal ein Behinderter hinterher geschrieen". Diese und ähnliche Aussagen machten deutlich, dass viele Kinder Ängste im Kontakt mit körperbehinderten Kindern haben. Diese Angst wird in der Beschreibung des Fotos deutlich. Hier schien sich an diesem Ort ein Angstraum konstituiert zu haben, der weder den Lehrerkollegen noch der Jugendarbeit vorher bekannt gewesen war und in der Auswertung zur Planung eines gemeinsamen Projektes führte, um diese Ängste bei den Kindern abzubauen und Kontakte zwischen den Schülergruppen herzustellen.

Ein weiteres Beispiel aus dieser Lebenswelterkundung bezog sich auf die Ernährungssituation von Kindern. Über die Methode „Zeitbudget" wurde deutlich, dass die Ernährungssituation in den Familien am Wochenende sehr ungenügend ist. Dazu wurden viele Tagespläne der Kinder ausgewertet, in denen sie für das Essen bestimmte Symbole benutzten und diese Symbole dann auch entsprechend beschrifteten: zum Beispiel „Was gab es zu essen?" oder „Welche Mahlzeiten?". So entstand bei Lehrerkollegen und den Kinder- und Jugendarbeitern eine neue Vorstellung, mit der deutlich wurde, dass die Gesundheits-/Ernährungssituation ein Thema ist, das von den Institutionen aufgegriffen werden muss. Auch aus diesem Thema ergaben sich unterschiedliche Projekte, etwa ein Frühstück in zwei Grundschulen sowie eine zusätzliche Über-Mittag-Betreuung in einer Einrichtung der offenen Arbeit mit Kindern.

Mit diesen und anderen Beobachtungen wurde das Thema „Gesundheit und Ernährung" deutlich in der anschließenden Konzeptionsentwicklung der Einrichtung aufgegriffen.

Die beiden Beispiele zeigen sehr schön, wie der Einblick in Lebenswelten von Kindern und Jugendlichen Themen und Probleme erschließen kann, die aus der institutionellen und fachlichen Sicht der Fachkräfte bisher unerschlossen geblieben waren. Hintergrund dafür ist der lebensweltanalytische oder sozialräumliche Blick, das heißt die Offenheit für mögliche, bisher nicht gedachte Interpretationen, die sich aus dem Material ergeben, das man über Beobachtungen gewonnen hat.

■ *Zusammenarbeit und gegenseitige Unterstützung – der Blick von außen*

Die Zusammenarbeit verschiedener Projekte und Einrichtungen sowie die Entwicklung kollegialer Systeme der Unterstützung sind eine pragmatische und wirkungsvolle Maßnahme: Wenn sich Mitarbeiterinnen und Mitarbeiter unterschiedlicher Einrichtungen und Projekte aus verschiedenen Zusammenhängen (verschiedene Stadtteile, verschiedene Zuständigkeiten und verschiedene institutionelle Zugehörigkeiten) gegenseitig unterstützen, kann dies für einen „Blick von außen" und damit für die erforderliche Distanz sehr hilfreich sein.

Die Bildung von *Lernpartnerschaften* zwischen verschiedenen Jugendeinrichtungen ist eine Möglichkeit, durch das Korrektiv eines Partners mehr Distanz in diesem Sinne zu bekommen.

Hilfreich ist auch, wenn alle lebensweltanalytischen Methoden zu zweit durchgeführt werden, wobei eine Fachkraft eher die aktivere, das heißt die Situation gestaltende Position übernehmen sollte und die andere Fachkraft die eher passive Beobachtungsposition. Auch diese Rollenübernahme muss in Übungssituationen vorab erlernt werden.

Für die Auswertung hat sich das Muster der kollegialen Beratung als sehr wirksam erwiesen. Der folgende Arbeitsbogen zeigt den Versuch, die Präsentation und Interpretation von Ergebnissen der Anwendung einzelner Methoden zu strukturieren.

Beispiel: Arbeitsbogen

Einrichtung A	Gruppe (Fachkräfte anderer Einrichtungen)
Kurze Darstellung der Ergebnisse und Interpretationen, maximal 10 Minuten	Hört zu, fragt nach, um zu verstehen (keine Diskussion!)
Hört zu, Verständnisfragen, keine Diskussion	Welche (anderen) Interpretationen könnten formuliert werden? (Ideen, Phantasien, ... locker mal was ausdenken, was andere machen könnten), maximal 10 Minuten
Welche Konsequenzen (konzeptionell) könnten sich daraus ergeben? maximal 10 Minuten	Hört zu, fragt nach (Verständnisfragen)
Hört zu, Verständnisfragen	Welche Konsequenzen könnten sich für die Einrichtung aus unserer Sicht ergeben?
Was können wir aus der Beratung und den „anderen" Interpretationen mit-/aufnehmen?	Was können wir aus der Beratung für unsere Projekte mitnehmen?

■ *Fragestellungen präzisieren und verändern*

Fragestellungen stehen am Anfang von Lebensweltanalysen. So sind häufig bauliche, soziale, institutionelle oder fiskalische Veränderungen, die die jeweilige Bevölkerungsgruppe betreffen, Anlass für Konzeptions(neu)entwicklungen in der Kinder- und Jugendarbeit. Räumliche Veränderungen, etwa der Bau von großstädtischen Wohnsiedlungen auf ehemaligen Industriebrachen, Neubaugebiete in ländlichen Regionen oder Veränderungen in der Bevölkerungsstruktur, sind oft Auslöser für die Frage nach einer notwendigen Weiterentwicklung der bisherigen fachlichen Konzeption.

So wichtig es ist, mit konkreten Fragestellungen in Lebensweltanalysen zu gehen, darf dennoch nicht aus dem Blick geraten, dass diese Fragestellungen nicht verhindern, dass die Zielsetzungen sich im Laufe der Analysen und der Interpretation von Ergebnissen wieder verändern, sich präzisieren oder völlig neu formuliert werden müssen.

Beispiel: Fragestellungen

> - Welche informellen Treffs werden von welchen Cliquen wann genutzt?
> - Welche Cliquen gibt es im Einzugsgebiet des Jugendzentrums „City"?
> - Was machen Jugendliche ohne Migrationshintergrund in Niedergirmes in ihrer Freizeit?
> - Wie befähige ich Kinder aus Problemfamilien zur Teilnahme an verbindlichen Angeboten?
> - Sind Jugendliche im öffentlichen Raum erwünscht?
> - Leben einige Stadtbezirke auf Kosten von anderen Stadtbezirken?
> - Wird in Wetzlar in allen Stadtteilen ein ähnliches Angebot für Kinder und Jugendliche gemacht?
> - Geheime Orte: Gibt es ein „unbekanntes Land"?
> - Welches Lebensgefühl haben Kinder und Jugendliche, Mädchen und Jungen in Wetzlar?
> - Niedergirmes: Welche Gruppen gibt es in Niedergrimes, wie identifizieren sie sich mit dem Stadtteil?
> - Herkules-Center: Welche Gruppen gibt es? Zu welchen Zeiten treffen sie sich? Von wo kommen sie? Wohin gehen sie?

Die gemeinsame Diskussion der in einer ersten Runde entstandenen Fragestellungen und Zielsetzungen für Lebensweltanalysen ist empfehlenswert. Hier geht es nicht um falsch oder richtig, sondern um eine behutsame Kritik und eine realistische Einschätzung dessen, was mit Hilfe einer Lebensweltanalyse erreichbar ist und was eben auch nicht. Erst danach sollte in einem nächsten Schritt eine erste Formulierung der Fragestellung/Zielsetzung für eine eigene raumbezogene Lebensweltanalyse der Teams/Einrichtungen erfolgen.

Die angeführten Beispiele haben gezeigt, wie wichtig es ist, immer wieder Fragestellungen, Methoden, Beobachtungs- und Auswertungsperspektiven zu verändern und zu variieren. Die Lust am Perspektivenwechsel ist Teil einer räumlichen Haltung.

Ein weiterer Anspruch von Lebensweltanalysen ist ein interdisziplinäres Vorgehen mit dem Ziel eines multiperspektivischen Raumverstehens: Architektur, Geografie, Sozialgeografie, Innenarchitektur und andere Disziplinen, die ebenfalls sehr stark raumbezogen denken und handeln, sollen möglichst in Lebensweltanalysen einbezogen werden.

Beispiel:

Bei einem Seminar mit Fachkräften des Vereins Jugendzentren der Stadt Wien wurden Eingangssituationen von Jugendeinrichtungen dokumentiert und der Weg zum Jugendhaus aus unterschiedlichen Entfernungen fotografiert (500, 400, 300, 200, 100, 50 und 10 Metern). Die Aufnahmen des Weges zu den Jugendzentren und Aufnahmen des Eingangsbereiches der Tür, der Flure usw. wurden nicht nur zwischen den sozialpädagogischen Fachkräften diskutiert und interpretiert, sondern auch mit einem Architekten, der völlig andere Dimensionen der Wahrnehmung – Farben, Abstände, Raum, Formen, Gebäude und Oberflächenstrukturen – mit eingebracht hat. Dadurch entstand eine multiperspektivische Interpretation, auf deren Grundlage es möglich war, mit relativ einfachen Mitteln die Eingangssituationen in Jugendeinrichtungen zu verbessern.

- *Der „sozialräumliche Blick" führt zu konzeptionellen Konsequenzen*

Die oben beschriebenen Aspekte, Elemente und Methoden der Lebensweltanalyse führen zu einer Verbindung zwischen dem Blick auf Aktionsräume als von Kindern und Jugendlichen subjektiv konstituierten Räumen und den sozialpädagogischen Konzepten, die zunehmend als beweglich verstanden werden: Konzepte sind kein Selbstzweck, sondern sie müssen sich auf die sozialräumlichen Bedingungen einstellen und entsprechend veränderbar gestaltet werden.

Folgende Konsequenzen lassen sich für die Kinder- und Jugendarbeit formulieren:

➢ Kinder- und Jugendarbeit geht von einem subjektorientierten Bild des Sozialraums als Aneignungs- und Bildungsraum aus in Ergänzung zu sozialstrukturellen Sichtweisen, wie sie etwa in der Jugendhilfeplanung dominant sind.

➢ Kinder- und Jugendarbeit gewinnt ihre konkreten und sich verändernden Ziele aus einer qualitativen Lebensweltanalyse.

➢ Ziele für die Einrichtungen und Projekte werden nicht aus abgefragten Bedürfnissen, sondern aus Bedarfen entwickelt, die auf der Grundlage sozialräumlicher Analysen formuliert werden.

➢ Kinder- und Jugendarbeit versteht sich als Unterstützung der Entwicklung von Kindern und Jugendlichen und stellt dazu Aneignungs- und Bildungsmöglichkeiten auf unterschiedlichen Ebenen zur Verfügung: innerhalb von Einrichtungen und Projekten, die sie als Orte unterschiedlicher Aneignungsmöglichkeiten versteht. In gezielten Projekten und Aktionen, die die Aneignungsformen von Kindern und Jugendlichen unterstützen (etwa zur Erweiterung ihres Handlungsraumes), gewinnt die Kinder- und Jugendarbeit ihre Kompetenzen als Expertin für die Belange von Kindern und Jugendlichen im sozialen Raum und tritt deshalb für die Revitalisierung öffentlicher Räume als Aneignungsräume für Kinder und Jugendliche ein.

Literatur zur Vertiefung:

Böhnisch, Lothar/Münchmeier, Richard: Pädagogik des Jugendraums. Zur Begründung und Praxis einer sozialräumlichen Jugendpädagogik. Weinheim und München 1996.

Deinet, Ulrich (Hrsg.): Sozialräumliche Jugendarbeit. Grundlagen, Methoden, Praxiskonzepte. 2., völlig überarbeitete Auflage. Wiesbaden 2005.

Deinet, Ulrich/Krisch, Richard: Der sozialräumliche Blick der Jugendarbeit. Methoden und Bausteine zur Konzeptentwicklung und Qualifizierung. Opladen 2002.

Deinet, Ulrich/Reutlinger, Christian (Hrsg.): Aneignung als Bildungskonzept der Sozialpädagogik. Beiträge zur Pädagogik des Kindes- und Jugendalters in Zeiten entgrenzter Lernorte. Wiesbaden 2004.

Schröder, Achim: Feldforschung in Jugendkulturen – Wie man sich einen verstehenden Zugang zu deren Bedeutung verschaffen kann. In: Neue Praxis 6/1995, S. 560 ff.

Fabian Kessl und Christian Reutlinger

4 Raumbilder – Transformierte Räumlichkeiten und deren Thematisierungsformen

Die Rede vom Raum und der Kampf um die Neuordnung des Räumlichen stellen immer politische Auseinandersetzungen dar, so wurde in der Einleitung verdeutlicht. Denn die Frage der (Neu)Formierung sozialer Zusammenhänge ist immer eine Frage danach, wer dies mit welchem Einfluss tun oder beeinflussen kann und wer nicht. *Identifiziert man die Redeweisen vom Sozialraum, so erfährt man, in welcher Weise aktuell soziale Prozesse neu thematisiert werden und entsprechend geformt werden sollen.* Diese Annahme bildet den Ausgangspunkt des vierten Kapitels, in welchem die dominierenden Raumbilder, die aktuell die Rede vom Sozialraum in der Sozialen Arbeit prägen, vorgestellt werden. Raumbilder sind Deutungsmuster, das heißt Erklärungszusammenhänge, die es den Akteuren erlauben (sollen), soziale Erfahrungen in einen generelleren Sinnzusammenhang zu stellen – im Fall der Raumbilder also die sozialen Erfahrungen angesichts der sich verändernden Raumordnungen. Deutungsmuster, wie die Raumbilder, können immer nur spezifische und einzelne Aspekte der sich verändernden sozialen Ordnungen, im hiesigen Fall also der Raumordnungen, in den Blick nehmen. Damit schließen sie allerdings auch andere Deutungsmöglichkeiten aus. Welche Deutungsmuster in den Feldern Sozialer Arbeit im Prozess ihrer raumbezogenen Neujustierung zunehmend einflussreich werden, welche Vorstellungen von einer notwendigen Raumordnung also die raumbezogenen Vorgehensweisen in der Sozialen Arbeit prägen, wird in der Darstellung der Raumbilder verdeutlicht.

Mit Bezug auf die sozialpädagogischen Raumbilder fällt zuerst ein übergeordnetes Muster besonders auf: „Sozialpädagogische Räume" – Jugendräume, Kindheitsräume, Altenräume, Migrantenräume, Arbeiterräume, Frauenräume oder Männerräume – zeichnen sich zumeist dadurch aus, dass ihnen ein homogenes Raumbild unterliegt. Sozialpädagogisches Handeln soll also dazu führen, dass ein Raum der Homogenität entsteht, zum Beispiel ein Raum gemeinsam agierender Bürgergruppen in bestimmten Stadtteilen oder der Raum einer gemeinschaftlich organisierten Wohngruppe für Jugendliche. Dies ist für die wohlfahrtsstaatlich verfasste Soziale Arbeit auch keineswegs überraschend. Denn für diese gilt die wohlfahrtsstaatliche Leitvorstellung einer gesellschaftlichen Normalität und der damit für sie verbundenen Aufgabe im Fall von „nicht-normalen" Lebensführungsweisen (*soziale Probleme*), Normalität möglichst weitgehend wieder herzustellen, also den sozialpädagogischen Auftrag der Normalisierung zu erledigen. Im Fall beschränkter Entwicklungsmöglichkeiten bei Kindern soll diese wieder eröffnet werden, im Fall von Erwerbslosigkeit gilt es möglichst eine Rückführung in den Arbeitsmarkt zu gewährleisten oder allgemeiner gesprochen: Im Fall von Desintegration sollen für die Betroffenen Wege der Integration aufgezeigt und eröffnet werden – also Homogenität hergestellt werden.

Diese wohlfahrtsstaatlichen Homogenitätsvorstellungen (*Integration*) werden allerdings seit Ende der 1960er und vor allem seit den 1970er Jahren in vielen gesellschaftlichen Bereichen in Frage gestellt. In Folge dieser Normalisierungskritik sind Muster der Heterogenität oder Differenz einflussreicher geworden (*Pluralisierung*). Nimmt man die einflussreichsten Programme einer sozialraumorientierten Neujustierung Sozialer Arbeit in den Blick, so die in diesem vierten Kapitel vertretene These, stellt sich allerdings heraus, dass diese im Unterschied zu diesen Heterogenitätsdiagnosen weitgehend von einer Fortführung der ehemaligen Homogenitätsprogramme geprägt sind. Zwar wird der bisherige nationalstaatliche Integrationsraum, wie bereits gezeigt wurde, in wachsendem Maße durch kleinräumige Inklusionsräume ersetzt. Doch innerhalb dieser zunehmend als heterogen diagnostizierten sozialen Zusammenhänge sollen nun neue überschaubare homogene Räume implementiert werden. Dementsprechend ist es gar nicht überraschend, dass die diesen Programmen inhärenten Raumbilder weiterhin Bilder homogener Räume darstellen: *Räume lokaler Gemeinschaften, benachteiligte Quartiersräume, Räume einheitlicher Bevölkerungsgruppen* oder *Räume nachbarschaftlicher sozialer Kontrollsysteme*.

Heterogenität wird damit weiterhin zum Problem erklärt, das es zu lösen gilt, nicht zum Ansatzpunkt für Lösungsstrategien. Ganz im Gegenteil: Die gegenwärtigen Transformationsprozesse des wohlfahrtsstaatlichen Arrangements werden von den Fachvertretern Sozialer Arbeit zumeist noch als eine Entwicklung der erhöhten Dynamisierung dieser Heterogenität beschrieben. Heterogenität scheint somit die Herausforderung darzustellen, welche sich durch räumliche Transformationsprozesse, wie die Globalisierung, ergäbe. Und Heterogenität sei über eine effektive „Sozialraumorientierung" wieder in Form neuer homogener Räume zu bearbeiten und im Optimalfall zumindest in diesen kleinräumigen Einheiten auch aufzuheben. Doch was ist die Alternative? Eine radikale Heterogenitätsperspektive – und damit ein konzeptionelles Anknüpfen an der wohlfahrtsstaatskritischen Homogenitätskritik?

Von konservativer Seite, wie den Soziologen Janpeter Kob oder Helmut Schelsky, wurde bereits in den 1960er Jahren unter dem Stichwort „Pädagogisierung" der bundesdeutsche Wohlfahrtsstaat als Homogenisierungsinstanz kritisiert. Wohlfahrtsstaatliche Instanzen – wie die Soziale Arbeit, so könnte man ergänzen – machten aus den Gesellschaftsmitgliedern nach und nach betreute Menschen, so die damalige Diagnose. „Linke Intellektuelle", so formulierte es Helmut Schelsky in seiner Wohlfahrtsstaatskritik zum *betreuten Menschen* 1973 auf dem Landesparteitag der CSU, spielten das Problem der Verteilungsgerechtigkeit hoch, um den Menschen Hilfs- und Betreuungsbedürftigkeiten einzureden und damit den wachsenden Einfluss der Betreuergruppen zu begründen, aber gleichzeitig auch zu verharmlosen. Zwar konnte sich diese Kritik unter dem Stichwort „Pädagogisierung" politisch damals nicht durchsetzen, doch langfristig war sie eine entscheidende intellektuelle Unterstützung der bröckelnden Legitimation des wohlfahrtsstaatlichen Arrangements im letzten Drittel des 20. Jahrhunderts. Durchsetzen konnte sie sich Jahrzehnte später, das ist die historische Pointe, weil sie sich mit zwei anderen, an sich politisch entgegengesetzten Positionen der Wohlfahrtsstaatskritik in einer konzeptionellen Koalition getroffen hat: der alternativgegenkulturellen Kritik an der Normalisierung, die dem Einzelnen keine freie Lebensführung ermögliche – eine Kritik, die vor allem von den sozialen Bewegungen vorgebracht wurde – und der neo-liberalen Kritik, die durch die staatlich hergestellte „Zwangsgleichheit" die Freiheit des Einzelnen und damit den Fortschritt der Gesellschaft bedroht sah. Eine konzeptionelle Koalition konnten die drei Positionen einnehmen, weil sie alle Pädagogisierungstendenzen, das heißt einen ihres Erachtens zu weit reichenden erzieherischen Eingriff in die Gesellschaft ablehnten. Die neo-liberale Position hat sich in dieser Koalition inzwischen als die einflussreichste Kritikposition profiliert.

Neo-liberale Argumentationsfigur am Beispiel Friedrich Hayeks:

„Der Grund dafür, daß viele der neuen Wohlfahrtsmaßnahmen der Regierung eine Bedrohung der Freiheit darstellen, ist, daß sie, obwohl sie als bloße Dienstleistungen dargestellt werden, in Wirklichkeit eine Ausübung der Zwangsgewalt der Regierung darstellen" (Hayek [1960] 1991, S. 329). Denn vor allem „die Selbstsucht organisierter Gruppen" habe die Verteidigung der Freiheit immer schwieriger gemacht. Diese organisierten Gruppen seien vor allem Gewerkschaften, die ihre Macht „weitgehend durch die Unterstützung gewonnen (hätten), die ihnen die Regierung (...) gewährt (habe)" (Hayek 1980, zit. nach Candeias 2004, S. 78). Und genau das sei das Problem. Denn diese einflußmächtigen Gruppen hätten die wohlfahrtsstaatliche Regulierung derart festgezurrt, um eine künstliche Gleichheit unter den Gesellschaftsmitgliedern herzustellen, dass der Einzelne den entstandenen regulierten, das heißt den von Hayek als freiheitsbeschränkend diagnostizierten Handlungsräumen „nicht (mehr) aus eigener Kraft entrinnen" kann (Hayek [1960] 1991, S. 386).

Die konzeptionelle Pointe dieser Einwände gegen das Programm wohlfahrtsstaatlicher Homogenisierung ist, dass sie keineswegs zu einer Ent-Pädagogisierung geführt haben, wie es sich die Vertreter gewünscht hätten. Ganz im Gegenteil: Gerade der „Erfolg" dieser konzeptionellen Amalgamierung von Wohlfahrtsstaatskritiker hat den Boden für eine *Pädagogisierung des Politischen* insgesamt bestellt. Die staatlichen Instanzen selbst, die sich beispielsweise in der Bundesrepublik Deutschland seit Ende der 1990er Jahre als Teil eines „investiven Staats" verstehen, pädagogisieren ihre Vorgehensweisen. Wie am deutlichsten an den Aktivierungsmaßnahmen im Bereich der Arbeitsmarktpolitik zu sehen, sind die aktivierungspolitisch angestrebten Vorgehensweisen inzwischen zunehmend *pädagogischer* Natur. Zentrales Prinzip dieser aktivierungspolitischen Strategien der letzten Jahre ist daher auch eine staatlich inszenierte *Aktivierungspädagogik*. Neben der Arbeitsmarktpolitik und der damit verbundenen Berufshilfe ist ein zweites einflussreiches Feld dieser Aktivierungspädagogik eben die Sozialraumorientierung Sozialer Arbeit. Auch diese erweist sich bei näherer Betrachtung in wachsendem Maße als ein Programm der *„Pädagogisierung des Sozialräumlichen"*. Räumliche Einheiten werden zum Ausgangspunkt sozialpädagogischen Handelns gemacht, und Soziale Arbeit organisiert sich entlang dieser räumlichen Muster neu. Innerhalb dieser Einheiten sollen Bevölkerungsgruppen nun aktiviert, also zur Eigenverantwortung erzogen werden. Warum aber sind diese Pädagogisierungsstrategien in den Feldern Sozialer Arbeit auf einmal so erfolgreich?

Es scheint vor allem das damit verbundene Versprechen der Wiedererlangung von Handlungssicherheit, das auf viele Beteiligte eine immense Überzeugungskraft ausübt. Denn dieses Versprechen, das den einflussreichen Programmen der Sozialraumorientierung unterliegt, lautet nicht geringer als: *Die sozialraumorientierte Neujustierung Sozialer Arbeit lässt* euch nicht nur weiterhin handlungsfähig bleiben, sondern *an vielen Stellen überhaupt erst wieder handlungsfähig werden*. Denn nun scheint wieder eindeutig feststellbar, wo die Adressatinnen und Adressaten sozialpädagogischer Angebote zu finden sind („*benachteiligte Stadtteile*"), welche Charakteristika sie aufweisen („*neue Unterschicht*") und welche Maßnahmen daher zu ergreifen seien („*Verhaltenstrainings*", „*Ausbildung kleinräumiger Eigenverantwortungs- und Sicherheitsgemeinschaften*"). Insofern muss den drei zentralen Programmformeln (in Kapitel 2) eine Präambel vorangestellt werden: *„Sozialraumorientierung verspricht Handlungssicherheit"*.

Im ersten Teil des vierten Kapitels wird das Verhältnis von Homogenität und Sozialpädagogik etwas genauer beleuchtet. Nach dieser grundlegenderen Vergewisserung wird anschließend im zweiten Teil des Kapitels aufgezeigt, welches die damit verbundenen gängigsten Raumbilder sind, auf die sich aktuell die Verfechterinnen und Verfechter einer „Sozialraumorientierung in der Sozialen Arbeit" beziehen. Bei der vorgenommenen Untersuchung der einflussreichsten Sozialraumorientierungsprogramme haben sich vier Raumbilder herauskristallisiert: der *„globale bzw. lokale Raum"*, der *„abgekoppelte bzw. aufgewertete Raum"*, der *„(de)regulierte Raum"* sowie der *„riskante bzw. sichernde Raum"*.

Homogenität blendet gewisse Aspekte aus und fokussiert wiederum andere. Über Homogenisierungsstrategien lässt sich damit die Komplexität sozialer Zusammenhänge reduzieren, die Ausrichtung des eigenen Handelns kann damit als relativ eindeutig erscheinen. Nun ist Handeln immer komplexitätsreduzierend. Dennoch sollten sozialpädagogische Konzepte nicht schon per se, das heißt vor Handlungsbeginn, Komplexitäten grundsätzlich ausschließen, da gerade bestimmte dominante Komplexitätsreduktionen dazu führen, dass die Betroffenen in ihre Notlage gekommen sind. Die Komplexitätsreduktion von Fähigkeiten, über die Kinder und Jugendliche verfügen, geschieht beispielsweise durch die Vorgaben des Arbeitsmarktes. Dieser führt zu einer deutlichen Einschränkung, denn bestimmte Fähigkeiten (zum Beispiel Durchsetzungs- oder Distinktionsfähigkeit) werden als wichtig, viele andere Fähigkeiten zugleich aber als weniger wichtig oder unwichtig kategorisiert (zum Beispiel Beziehungsfähigkeit oder Empathie). Vielleicht bieten aber gerade die nicht zentral geforderten Fähigkeiten einen Ansatzpunkt für sozialpädagogische Unterstützungsmaßnahmen, mit denen einem Jugendlichen eine Handlungsoption eröffnet werden kann, die er bisher nicht gesehen hat oder die ihm bisher verschlossen war. In vielen sozialraumorientierten Vorgehensweisen führen in dieser Weise Prozesse der Komplexitätsreduktion dazu, dass Benachteiligung primär in bestimmten Stadtteilen und innerhalb der dort wohnenden Bevölkerungsgruppen verortet wird und diesen Gruppen bestimmte Verhaltensmuster oder Lebensstile zugeschrieben werden, obwohl der genauere Blick zeigt, dass diese Vorannahmen deutlich verkürzt sind (in Kapitel 2). Um nur zwei Aspekte noch einmal in Erinnerung zu rufen: Die Mehrheit der Bevölkerung in Armut lebt außerhalb bestimmter „benachteiligter Stadtteile" und keineswegs in diesen Wohnarealen, und ganz im Unterschied zu manchen Oberschichtsvierteln erweisen sich diese Stadtteile hinsichtlich der kulturellen Gemeinsamkeiten (Sprache, Herkunft usw.) als extrem heterogen und nicht als homogene „Parallelgesellschaften", wie immer wieder unterstellt wird.

Nimmt man diese Hinweise ernst, so wird eine veränderte Perspektive für raumbezogene Interventionsstrategien in der Sozialen Arbeit – jenseits der dominierenden Homogenisierungsstrategien – notwendig. Daher plädieren wir im weiteren Text für eine entsprechende reflexive räumliche Haltung. Diese ist sich der Relevanz der Raumdimension für die Soziale Arbeit gewahr und sucht ihren Ansatzpunkt dennoch gerade nicht in einer vorgängigen Homogenisierung, sondern im „Aushalten von Nicht-Homogenität". Die eigene Homogenitätskonstruktion, das heißt die ständige Reduktion von Heterogenität im sozialpädagogischen Handeln, rückt damit ins Zentrum selbstkritischer Betrachtung. Für eine reflexive räumliche Haltung ist es somit konstitutiv, jene permanent mit zu reflektieren, denn selbstverständlich ist der Komplexitätsreduktion nicht prinzipiell zu entkommen: Ein bestimmter Grad an Komplexitätsreduktion ist für jeden Handlungsvollzug und somit selbstverständlich auch für den sozialpädagogischen konstitutiv.

Eine solche reflexive, und in diesem Sinne professionelle Haltung, wie sie hier in Bezug auf die „Sozialraumorientierung" als reflexive räumliche Haltung vorgeschlagen wird, ist unseres Erachtens möglich, indem man die Basis sozialpädagogischen Handelns nicht auf homogenisierten Einheiten aufbaut. Vielmehr sollten die veränderten Raumordnungen und die damit entstehenden neuen Widersprüche zum Ausgangspunkt sozialpädagogischen Handelns gemacht werden. Eine reflexive räumliche Haltung, wie sie im abschließenden Kapitel 5 genauer dargestellt wird, bedeutet insofern einen bewussten und in diesem Sinne geplanten Umgang mit Komplexität – allerdings auf der Grundlage einer kollektiven Teilhabesicherung.

1. Veränderte Rede vom Raum und transformierte Raumordnungen

? *Leitfrage: Warum reden wir aktuell so viel vom Raum?*

Sozialwissenschaftliches Wissen ist Ordnungswissen. Dies gilt generell und somit auch für raumtheoretische Deutungsmuster und raumbezogene Interventionsstrategien, also beispielsweise die sozialraumorientierten Vorgehensweisen in den Feldern Sozialer Arbeit. Wir hoffen, so formuliert es der Sozialwissenschaftler Zygmunt Bauman in seinen Überlegungen zum Nutzen sozialwissenschaftlichen Wissens, dass wir die kleinen alltäglichen Probleme ebenso wie die großen sozialen Verwerfungen mit diesem (Ordnungs)Wissen in kleine lösbare Probleme zerkleinern können – so wie die Fetttröpfchen im Homogenisierungsprozess von Milch.

Zugleich ist dieses Modell des wissenschaftlichen Wissens als Ordnungswissen ein zutiefst moderner Glaube. Denn dieser Glaube ist konstitutiv für die modernen Gesellschaften – der Glaube nämlich, dass wir die Wirklichkeit durch ihre Ordnung und ihre Systematisierung berechenbar und beherrschbar machen können, wie es die beiden Sozialwissenschaftler Hans van der Loo und Willem van Reijen formulieren. Oder sozialwissenschaftlich gesprochen: Wir glauben an die Möglichkeit der Rationalisierung. Es ist daher kein

Zufall, dass die Sozialwissenschaften selbst ein Kind der Moderne sind und zugleich den Modernisierungsprozess wiederum mit dynamisiert haben.

Kennzeichen der Moderne ist also unsere Suche nach überschaubaren und gestaltbaren Einheiten – in der Sozialen Arbeit waren das traditionell beispielsweise die „Anstaltsfamilien" Johann Hinrich Wicherns, die „Schulgemeinschaft" Siegfried Bernfelds oder die „Settlements" von Jane Addams. Allerdings suchen wir nicht nach diesen kleinen Einheiten, um anschließend auf dieser Ebene des Klein-Kleins zu verharren. Wir spalten die Fetttröpfchen der Milch nicht deshalb, weil wir über aufgespaltene kleinere Einheiten verfügen wollen, sondern um damit die Einheit der Milch insgesamt zu stabilisieren. Die Suche nach den kleinen erfassbaren und gestaltbaren Einheiten – den eben genannten Gemeinschaftseinheiten des 19. oder beginnenden 20. Jahrhunderts oder aktuell kleinteiliger „Sozialräume", wie der so genannten benachteiligten Stadtteile – dient uns also dazu, größere Zusammenhänge zu beeinflussen: die gesellschaftliche Einheit (*sozialer Raum*) auf kommunaler oder nationalstaatlicher Ebene beispielsweise.

Von sozialwissenschaftlichen Erkenntnissen erhoffen wir uns also Beeinflussungsmöglichkeiten in Bezug auf das soziale Gefüge, oder etwas systematischer gesprochen: in Bezug auf die soziale Ordnung. In der Sozialen Arbeit untersuchen wir beispielsweise Dimensionen wie Geschlecht oder Klasse als Teilaspekte sozialer Zusammenhänge, um ihren Einfluss auf die Teilhabemöglichkeiten der Betroffenen zu (er)kennen und damit potenzielle Ansatzpunkte für eine sozialpädagogische Intervention zu erhalten. Unser Interesse gilt damit nicht nur einem dieser Teilaspekte und damit verbundenen Phänomenen. So interessiert uns beispielsweise nicht die Tatsache, dass Mädchen trotz formal besserer schulischer Leistungen schlechtere Berufs- und Verdienstmöglichkeiten haben, sondern letztlich der größere gesellschaftliche Zusammenhang: in unserem Beispiel die geschlechtsspezifische Ungleichheit als prägendes Element der bestehenden sozialen Ordnung. Wir untersuchen das Phänomen geschlechtsspezifischer Ungleichheit also am Beispiel der Bildungsbenachteiligung von Mädchen. Motivation für solche sozialwissenschaftlichen Untersuchungen ist aber die Gewinnung von Erkenntnissen, die es uns direkt oder indirekt ermöglichen, die Dinge (neu) zu ordnen. Im Fall des hier gewählten Beispieles soll eine sozialpädagogische Intervention Mädchen eine höhere Bildungsteilhabe ermöglichen. So könnte in einem Mädchenarbeitsprojekt Kompetenzbildung von Mädchen auf die Tagesordnung gesetzt, Erfahrungen in scheinbar Mädchen-untypischen Berufsfeldern gesammelt oder kommunal das Bewusstsein der Öffentlichkeit durch gezielte Aufklärungsarbeit beeinflusst werden, um politische Entscheidungen dahingehend zu beeinflussen, dass Maßnahmen gegen die strukturelle Bildungsbenachteiligung von Mädchen realisiert werden.

Sozialwissenschaftliches Wissen dient also, so die Hoffnung, der Beeinflussung, Veränderung oder Sicherung bestehender sozialer Ordnungen. Um es nochmals mit Rückbezug auf unser Beispiel der Homogenisierung von Milch zu illustrieren, könnte man etwas zugespitzt formulieren: Wir spalten in der Rohmilch die Fetttröpfchen auf, um anschließend die Einheit von Wasser und Fett zu stabilisieren. Damit wird deutlich: Wir sprechen aktuell so viel vom Raum, weil wir damit einerseits die Hoffnung verbinden, über diese neuen Einheiten einen stabilisierenden Rahmen für unser Handeln zu finden. Andererseits gehen wir davon aus, dass soziale Ordnung und Prozesse dadurch weiterhin gestaltbar und planbar bleiben.

Dieser Glaube an die gezielte und geplante Gestaltbarkeit sozialer Zusammenhänge ist der Antriebsmotor „moderner Gesellschaften". Als moderne Gesellschaften werden die sozialen Ordnungssysteme bezeichnet, die seit dem späten Mittelalter und mit einer verstärkten Dynamik seit dem Ende des 18. Jahrhunderts im abendländischen Raum entwickelt werden. Wenn der Glaube an den Fortschritt, an die Möglichkeit der Entwicklung von Lösungen für beschreibbare Probleme, den Antriebsmotor dieser Ordnungsprozesse darstellt, die wir als Modernisierung kennzeichnen, so sind diese sozialwissenschaftlichen Erkenntnisse dessen Sprit. Und dieser ist bekanntlich nötig, um einen Motor am Laufen zu halten: Ohne Sprit läuft kein Motor – sei er nun benzin- oder dieselbetrieben.

Doch wer sagt eigentlich, dass wir unbedingt diesen Motor benutzen müssen, um vorwärts zu kommen? Könnte nicht auch ein anderer Antriebsmotor genutzt werden, der mit Rapsöl oder Erdgas fährt? Ja, noch einen Schritt weiter gedacht: Wie kommt es überhaupt dazu, dass wir selbstverständlich davon ausgehen, dass wir einen Motor brauchen, um vorwärts zu kommen? Könnten wir nicht auch ein Fahrrad nutzen oder zu Fuß gehen? Und last, but not least: Wer entscheidet eigentlich, wohin wir gehen oder fahren?

Diese Fragen weisen uns auf die Grenzen des Modells modernen (Ordnungs)Wissens hin, denn dieses funktioniert als Anleitung unseres Handelns nur, solange wir daran glauben, dass bestimmte Ziele eindeutig und unwiderruflich sind. Es ist wie bei der Homogenisierung der Milch: Vollziehen wir diesen Prozess, so unterstellen wir, dass dieser für eine längere Haltbarkeit der Milch und die Garantie der Hygiene notwendig ist. Doch was antworten wir den Rohmilchproduzenten, die uns darauf hinweisen, dass wir mit diesem Homogenisierungsprozess vielleicht wertvolle Bestandteile der Milch zerstören und dass es auch andere Schutzvorkehrungen für die Milch gibt, wie beispielsweise lichtundurchlässigere Flaschen? Beharren wir auf der längeren Haltbarkeit und dem Hygieneaspekt, die schließlich mit der Rohmilch so nicht zu erreichen sind?

Der Glaube an das Modell des modernen (Ordnungs)Wissens hat vor allem im letzten Drittel des 20. Jahrhunderts Risse bekommen. Der Expertenstatus von Wissenschaftlern wird zunehmend in Zweifel gezogen, weil deren Aussagen widersprüchlich seien und sich im Laufe der Geschichte teilweise grundlegend widersprächen und zudem wissenschaftliche Erkenntnisse, wie die Erfindung der Atomkraft, verheerende Katastrophen nach sich gezogen hätten oder zur Rechtfertigung von ungerechten Herrschaftssystemen herhalten mussten, wie die so genannte Rassebiologie des ausgehenden 19. und beginnenden 20. Jahrhunderts. Damit verbunden erfahren auch die auf wissenschaftlichen Erkenntnissen beruhenden Professionen einen Legitimationsknick: Ärzte sehen sich der Konkurrenz von Heilpraktikern oder mit anderen Naturheilverfahren agierenden Heilern, Lehrerinnen medial aufgearbeiteten Wissenskatalogen, die in Quizshows vermittelt werden, und Erzieher neuen Programmen der Werte- und Normerziehung ausgesetzt, in denen ihnen selbsternannte Erziehungsfachleute vorschreiben, was denn nun in Erziehungsprozessen zu erreichen sei.

Gleichzeitig zeigen bereits diese wenigen Verweise auf die „neuen Professionen", dass auch diese wiederum auf Wissensmodellen beruhen, die eine bestimmte Ordnung der Welt präferieren. Die Gefahr dieser Wissensmodelle ist, dass im Unterschied zu sozialwissenschaftlichem Wissen nicht einmal mehr systematisch begründet wird, warum was wie gemacht werden soll, sondern viele Dinge einfach behauptet werden. Damit liefern diese Wissensmodelle aber keinen Ausweg aus dem Dilemma des modernen (Ordnungs)Wissens, obwohl sie auf dessen Grenzen hinweisen.

Wir scheinen uns also damit abfinden zu müssen, dass der moderne Glaube an die Ausrichtung unseres Handelns an eindeutigen wissenschaftlichen Erkenntnissen bröckelt, wir aber auch keine neuen Eindeutigkeiten bekommen werden – solange wir nicht bereit sind, uns auf neue Mythen einzulassen, die nicht mehr argumentativ ausgehandelt, sondern schlicht vorausgesetzt werden. Und das wäre ein Rückschritt hinter die modernen Gesellschaften, denn deren Programm ist nun gerade das der Entmythologisierung (*Rationalisierung*).

Zusammenfassung

Mit den modernen Ordnungsprogrammen haben wir vieles aus dem Blick verloren – nicht zuletzt die Gefahren und Blindstellen von Homogenisierungsprozessen, und zugleich scheint es mindestens genauso gefährlich, den (modernen) Glauben an die systematischen Begründungen von Beeinflussungsmöglichkeiten aufzugeben, weil wir damit völlig zufälligen und somit nur schwer politisch legitimierbaren Ordnungsmustern ausgeliefert wären.

? *Leitfrage: Gibt es einen alternativen reflexiven Ordnungsrahmen für unser Handeln und was folgt daraus für eine raumbezogene Soziale Arbeit?*

Wir sollten den skizzierten erkenntniskritischen Hinweis berücksichtigen, dass sozialwissenschaftliches Ordnungswissen kein eindeutiges Handlungswissen darstellt, das heißt nicht aus bestimmten sozialwissenschaftlichen Erkenntnissen direkt auf spezifische Interventionsstrategien geschlossen werden kann. Nochmals im Bild gesprochen: Der (wissenschaftliche) Sprit gibt nicht bereits die einzig mögliche (politische und pädagogische) Richtung vor, in die wir (als Akteure in den Feldern Sozialer Arbeit) fahren können. Denn mit einer Handlungsentscheidung, die wir mit wissenschaftlichen Erkenntnissen begründen, schließen wir immer auch andere mögliche Schlussfolgerungen aus. Wohin ein spritbetriebenes Gefährt fährt, ist keine Frage des Sprits. Allerdings kann ohne den Sprit eine Richtungsentscheidung erst gar nicht fallen. Ohne den Sprit, die sozialwissenschaftliche Erkenntnis also, gibt es gar keine Bewegung – zumindest, wenn wir an der Übereinkunft festhalten wollen, dass die Entscheidung über eine Bewegung nachvollziehbar und transparent und nicht dem Zufall oder den gerade bestehenden Herrschaftsverhältnissen überlassen sein soll.

Bezogen auf die sozialraumorientierte Neujustierung Sozialer Arbeit lässt sich dieser Hinweis dahingehend übersetzen, dass auch diese auf sozialwissenschaftliche Erkenntnisse angewiesen ist. Das wurde in der Einleitung mit Verweis auf die vier aktuell zentralen Raumordnungsaspekte dargestellt. Die vorgeschlagenen Programme zu einer Sozialraumorientierung Sozialer Arbeit beziehen sich auf diese sozialwissenschaftlichen Deutungsmuster. In raumtheoretischen, stadtsoziologischen, politikwissenschaftlichen, kriminologischen und erziehungswissenschaftlichen Arbeiten wird von einer zunehmenden *Globalisierung*, einer wachsenden *räumlichen Segregation* und daher der Notwendigkeit einer *Territorialisierung des Sozialen* und einer *Responsibilisierung* der damit identifizierten Bevölkerungsgruppen gesprochen. Daran anschließend folgern die Autorinnen und Autoren, die für eine sozialraumorientierte Neujustierung Sozialer Arbeit plädieren, wenn auch mit unterschiedlicher Gewichtung und unterschiedlichen Bezügen, die Notwendigkeit eines *verstärkten Lokalisierungsprozesses*, einer *notwendigen Aufwertung der als benachteiligt beschriebenen Wohnareale*, einer *neuen Form der kleinräumigen Regulierung* – sozialpolitisch wie sozialpädagogisch – und schließlich die Notwendigkeit der *Umgestaltung dieser Räume als Sicherheitsräume*. Doch genau diese Schlussfolgerungen sind bereits politischer Natur – und das wird zumeist nicht berücksichtigt.

Denn was aus den genannten sozialwissenschaftlichen Hinweisen auf die veränderten Raumordnungsaspekte für Konsequenzen gezogen werden ist keineswegs so eindeutig, wie dies unterstellt wird: In welcher Weise die soziale Ordnung also mit Bezug auf sozialwissenschaftliches Wissen gestaltet wird, ist eine Frage der (politischen) Deutung der (sozial)wissenschaftlichen Erkenntnisse. So kann aus der Erkenntnis einer Bildungsbenachteiligung von Mädchen der Schluss gezogen werden, dass geschlechtsspezifische Ungleichheiten hingenommen werden müssen, weil davon auszugehen sei, dass unterschiedliche Geschlechterrollen und damit verbundene Aufgaben naturgegeben sind. Es kann aber auch gefolgert werden, dass geschlechtsspezifische Angebote in der Schule und der Sozialen Arbeit notwendig sind, weil davon auszugehen ist, dass Mädchen und Jungen unterschiedliche Erziehungsprogramme und Bildungsangebote benötigen. Oder es kann argumentiert werden, dass öffentliche Irritations- und Subversionsstrategien dynamisiert werden müssen, um die herrschenden Deutungsmuster der Zweigeschlechtlichkeit zu unterlaufen. Denn, so würde die Begründungsstrategie in diesem Fall lauten, geschlechtsspezifische Ungleichheiten sind nur dadurch zu überwinden, dass die zugrunde liegende kulturell verankerte Spaltung in Frauen und Männer aufgebrochen wird.

Für welche dieser – politisch äußerst differenten – Strategien sich die Soziale Arbeit bzw. die sozialpolitisch Verantwortlichen in der jeweiligen Situation entscheiden, ist nun aber wiederum nicht zufällig. Vielmehr sind solche Entscheidungen abhängig von den dominierenden Deutungsmustern, das heißt den kulturellen Vereinbarungen und damit immer den aktuellen Macht- und Herrschaftsverhältnissen: Wer kann aktuell bestimmen, was wie reguliert werden soll? Will Soziale Arbeit die aktuell vorherrschenden Entscheidungsoptionen beeinflussen, muss sie sich diesem Kampf um kulturelle Deutungen und Macht- und Herrschaftsverhältnisse (*kulturelle Hegemonie*) aktiv stellen, sich also bewusst politisch positionieren.

Dasselbe gilt für eine raumbezogene Soziale Arbeit: Welche Richtung sie einschlägt, in welcher Weise eine raumbezogene Soziale Arbeit also ausgestaltet wird, ist nicht sozialwissenschaftlich vorherbestimmt, sondern bedarf einer gesonderten Entscheidung, das heißt der Übersetzung von Erkenntnissen. Diese Übersetzung ist wiederum ein macht- und herrschaftsförmig durchwobener politischer Prozess.

Aus der Diagnose einer zunehmenden Globalisierung kann die Relevanz lokaler Zusammenhänge gefolgert werden, wie das in einer ganzen Reihe von Beiträgen zur Sozialraumorientierung Sozialer Arbeit getan wird – es könnte aber auch die Notwendigkeit einer erneuten Stärkung der nationalstaatlichen Ebene geschlussfolgert werden oder die Internationalisierung Sozialer Arbeit oder der politische Kampf für europäische Sozialrechte. Mit Verweis auf die Diagnose einer verstärkten räumlichen Segregation kann die Mobilisierung der kleinräumig vorliegenden Inklusionspotenziale begründet werden. Diese Diagnose kann aber auch zu gänzlich anderen Deutungen führen: beispielsweise ein neues Engagement von Bund, Ländern und Kommunen in der Bereitstellung öffentlichen Wohnraums an möglichst vielen Stellen der jeweiligen Stadt oder Gemeinde, einen weitgehenden Ausbau öffentlichen Raumes und öffentlicher Infrastruktur (Transport, Kommunikation, Energieversorgung und soziale Dienste) und eine möglichst kostenfreie Zugänglichkeit für alle Gesellschaftsmitglieder. Die Diagnose eines erhöhten (Kriminalitäts)Risikos innerhalb bestimmter Bevölkerungsgruppen und Wohnareale kann dazu führen, dass Programme zur Aktivierung der Eigenverantwortung innerhalb der betreffenden Wohnbevölkerungseinheiten implementiert werden. Sie kann aber auch dazu führen, dass die statistische Erfassung von Kriminalität überdacht wird, weil bestimmte Bevölkerungsgruppen – beispielsweise Gesellschaftsmitglieder ohne deutsche Staatsangehörigkeit – sich Vergehen schuldig machen können, die für deutsche Staatsangehörige gar nicht gelten (*Ausländerrecht*). Schließlich kann auf die Diagnose einer wachsenden Unübersichtlichkeit verwiesen werden, um eine stärkere Identifizierung einzelner Bevölkerungseinheiten zu rechtfertigen, damit man genauer weiß, wo man mit Unterstützungs- oder Aktivierungsmaßnahmen ansetzen soll. Die Diagnose einer wachsenden Unsicherheit in der alltäglichen Lebensführung könnte aber auch zur Legitimation von Bildungsprogrammen genutzt werden, in denen das Leben mit Fremdheit und Differenz im Mittelpunkt steht.

Originaltext aus:

Klaus Ronneberger, Stephan Lanz und Walther Jahn: Die Stadt als Beute. Bonn 1999.

„Wenn (...) das Soziale primär als Problem ordnungspolitischer Regulierungskonflikte definiert wird, nicht jedoch als Frage allgemeiner Rechte, bildet sich eine Doppelfigur heraus, die man schon aus dem 19. Jahrhundert kennt: Philanthropie für die ‚würdigen Armen', Strafen und Überwachen für die ‚unwürdigen'. Damit scheint sich ein Typus von städtischer Bürgerstadt herauszubilden, in der die Hierarchie unterschiedlicher Rechts- und Subjektpositionen nicht mehr als vorübergehendes und damit prinzipiell aufhebbares Ungleichgewicht, sondern als natürliche und legitime Voraussetzung der gesellschaftlichen Ordnung gelten soll. Allerdings bedeutet dies nicht die schlichte Rückkehr zum traditionellen Liberalismus, sondern eine grundlegende Neubestimmung der Topographie des Sozialen."

(Ronneberger, Lanz und Walther 1999, S. 215)

Damit wird bereits deutlich, wie wichtig es für eine raumbezogene Soziale Arbeit ist, sich des aktuell bestimmenden politischen Kontextes bewusst zu sein und auf dieser Basis erst eine Auseinandersetzung um die Vorgehensweisen zu ermöglichen, die den Betroffenen möglichst weitgehende Handlungsoptionen eröffnen. Von zentraler Bedeutung ist dabei, sich nochmals des politischen Kontextes zu vergewissern, in dem Soziale Arbeit als öffentliche Instanz der geplanten Unterstützung und bewussten Beeinflussung von Lebensführungsweisen seit dem 19. Jahrhundert entwickelt und installiert wurde.

Herausragendes Kennzeichen der sozialen Ordnungssysteme war spätestens seit dem 19. Jahrhundert, dass ihre Organisation primär in nationalstaatlicher Form geschah. Die Ordnung des Räumlichen findet seither primär in diesem – nationalstaatlichen – Rahmen statt, und die Rede vom Raum ist somit zumeist eine Rede vom nationalstaatlichen Raum. Eng verbunden mit der Etablierung der Nationalstaaten als politischem Regulierungsrahmen ist die Entstehung der Sozialwissenschaften. Insofern war der analytische Bezugsrahmen beispielsweise für die Soziologie oder die Erziehungswissenschaft immer dieser nationalstaatliche Kontext. Das drückt sich auch in der Qualifizierung der wissenschaftlichen Disziplinen aus, wenn wir von einer englischen Kriminologie, einer französischen Soziologie oder einer deutschen Erziehungswissenschaft sprechen. Es schien bis weit ins 20. Jahrhundert hinein völlig unstrittig – und ist es häufig noch heute –, nationale Versionen der jeweiligen sozialwissenschaftlichen Disziplin anzunehmen. Denn die raumsoziologische Analyse der meisten Autoren bezog sich ebenso auf den sie umgebenden nationalstaatlichen Rahmen wie die Untersuchungen in den Feldern der Sozialgeografie. Demgegenüber wird nur selten von einer europäischen, nordafrikanischen, mittelamerikanischen oder gar internationalen Erziehungswissenschaft oder Politikwissenschaft gesprochen. Und selbst wenn wir dies tun, scheint es uns eher schwer fassbar, was denn nun damit gemeint sein könnte und auf welchen Rahmen sich eine solche Wissenschaft und die damit verbundenen Analysen beziehen könnten. Zugleich deutet eine wachsende Zahl von Arbeiten seit dem letzten Drittel des 20. Jahrhundert darauf hin, dass dieser nationalstaatliche Ordnungsrahmen zunehmend an Geltung und Gültigkeit verliert. Der für moderne Gesellschaften als gültig angenommene – nationalstaatliche – Ordnungsrahmen verändert sich grundlegend – wenn auch vieles darauf hindeutet, dass er sich keineswegs zugunsten von globalen und/oder regionalen wie lokalen Kontexten auflöst. Aber seine bisherige Gestalt als Schutz-, Integrations- und Regulierungsrahmen wird in eine neue, bisher noch nicht prognostizierbare Gestalt überführt.

Zusammenfassung

Vom Raum ist in den letzten Jahrzehnten in veränderter Form vor dem Hintergrund die Rede, dass die selbstverständliche Einteilung des Großteils der Weltbevölkerung in nationalstaatliche Bevölkerungseinheiten seit den 1970er Jahren zunehmend brüchig wird. Sozialwissenschaftler ganz unterschiedlicher Provenienz weisen darauf hin, dass die bisherige Raumordnung, wie sie bis in das letzte Drittel des 20. Jahrhunderts prägend war, seither grundlegende Veränderungen erfahre.

Literatur zur Vertiefung:

Albrow, Martin: Auf Reisen jenseits der Heimat. Soziale Landschaften in einer globalen Stadt. In: Beck, Ulrich (Hrsg.): Kinder der Freiheit. Frankfurt/ Main 1997, S. 288–314.
Appadurai, Arjun: Globale ethnische Räume. Bemerkungen und Fragen zur Entwicklung einer transnationalen Anthropologie. In: Beck, Ulrich (Hrsg.): Perspektiven der Weltgesellschaft. Frankfurt/Main 1998, S. 11–40.
Bauman, Zygmunt: Flüchtige Moderne. Frankfurt/Main 2000.
Castells, Manuel: Der Raum der Ströme (Kapitel 6). In: Ders.: Der Aufstieg der Netzwerkgesellschaft. Teil 1 der Trilogie. Das Informationszeitalter. Opladen 2001, S. 431–483.
Keim, Karl-Dieter: Das Fenster zum Raum. Traktat über die Erforschung sozialräumlicher Transformation. Opladen 2003.

 Originaltext aus:

Frank Deppe: Neue Formation – neue Epoche – neue Politik? Anmerkungen zu einer offenen Debatte. In: Mario Candeias und Frank Deppe (Hrsg.): Ein neuer Kapitalismus? Hamburg 200, S. 48–66.

„Wenn wir die Gesamtheit der Veränderungen – einschließlich der Veränderungen der Weltpolitik nach dem Ende der Systemkonkurrenz (...) – betrachten, drängt sich in der Tat die Schlussfolgerung auf, dass wir in eine neue Epoche der Weltgeschichte längst eingetreten sind. Ein deutliches Merkmal dieser Epoche ist die scheinbar unumschränkte Herrschaft des Kapitalismus und seiner Funktionslogiken. Dem korrespondiert die Marginalität von sozialen und politischen Kräften, die nicht nur die Kritik des Kapitalismus als Eckpunkt und Identitätsmerkmal einer sozialistischen Programmatik vertreten, sondern auch an den Visionen von der Möglichkeit und Notwendigkeit einer humanen Gesellschaft jenseits des Kapitalismus festhalten. (...) Es gibt im konkreten historischen Prozess (allerdings) keinen ‚sauberen' Schnitt zwischen den Epochen, deren Markierungen und Abschnitte in der Regel ‚post festum' von den Historikern fixiert werden (...). In der sozialen Wirklichkeit spiegelt sich die Überlagerung von alten und neuen Strukturen. (...) In der realen sozialökonomischen und politischen Entwicklung artikulieren sich permanent die Widersprüche der neoliberalen Herrschaftskonstellation – auch wenn sie auf der Ebene des Kampfes um politische Mehrheiten noch nicht zu einem relevanten Thema geworden sind."

(Deppe 2001, S. 61 f.)

Vor dem Hintergrund der systematischen Überlegungen zum Raum im ersten Kapitel, mit denen verdeutlicht wurde, dass ein Raumbegriff nicht unabhängig von konkreten sozialen Praktiken bestimmbar sein kann, erscheint es zur Ausbildung einer räumlichen Haltung notwendig, den Kontext dieser veränderten Redeweisen vom Raum und der damit verbundenen veränderten Raumordnungen zu skizzieren. Dazu werden im Folgenden die vier genannten zentralen Aspekte der sich verändernden Raumordnungen eingehender vorgestellt: *Globalisierung, räumliche Segregation, Territorialisierung* und *Responsibilisierung*.

Mit dem Begriff der Raumbilder wird markiert, dass den hier wiedergegebenen Konzeptionen einer Sozialraumorientierung *bestimmte Vorstellungen* von den bestehenden Raumordnungen und deren aktuellen Veränderungen hinterlegt werden. Über die konkrete Praxis sozialraumorientierter Vorgehensweisen erfahren diese Raumbilder eine Institutionalisierung und erlangen somit ein gewisses Maß an Allgemeingültigkeit. Die Annahme, in einer zunehmend globalisierten Welt diffundiere die Integrationskraft des nationalstaatlichen Raums, weswegen der Raum des Lokalen als Gemeinschaftsraum in den Vordergrund gerückt werden sollte, legitimiert beispielsweise lokalstaatliche Programme der Aktivierung kleinräumiger Inklusions- wie Sicherungsgemeinschaften. Das Raumbild des *Global-Lokalen* rechtfertigt also Maßnahmen der Aktivierung bürgerschaftlichen Engagements oder der kriminalpräventiven Nachbarschaftskontrolle. Die Gefahr dabei ist aber, dass zeitgleiche Tendenzen aus dem Blickfeld geraten, wie beispielsweise die zeitgleiche *Stärkung* veränderter nationalstaatlicher Raumordnungen durch neue Sicherheitspolitiken.

Originaltext aus:

Detlev Ipsen: Raumbilder. Zum Verhältnis des ökonomischen und kulturellen Raumes. In: Informationen zur Raumentwicklung, Heft 11/12, 1986, S. 921– 931.

„Der Raum schafft sich durch seine Entwicklung oder Nicht-Entwicklung ein kulturelles Bild, und zugleich wird ein bestimmter Entwicklungstypus durch das Bild auf den konkreten Raum projiziert. Raumentwicklung und Raumbild gehen eine nur schwer zu lösende Beziehung ein, die in manchen Situationen und Perioden der Entwicklung äußerst günstig ist. Das Bild wirkt als Beschleuniger. In anderen Phasen ist das Bild retardierend, es klebt an dem Raum und signalisiert seine Vernutzung."

(Ipsen 1986, S. 922)

Die präferierten sozialraumorientierten Vorgehensweisen reproduzieren die unterlegten Raumbilder, wenn sie nicht explizit in die Überlegung mit einbezogen werden. Das unterstellte Raumbild trägt sich damit quasi von selbst und wird nicht mehr auf seine Begrenzungen hin befragt. Damit werden aber auch die jeweils präferierten sozialraumorientierten Maßnahmen von vornherein begrenzt – beispielsweise auf die Aktivierung kleinräumiger Gemeinschaften aufgrund der Annahme eines Raumbildes des Global-Lokalen. Andere, mindestens ebenso relevante Aspekte geraten dann aber in die Gefahr, aus dem Blickfeld zu rutschen. Und damit wird eine Eröffnung oder Erweiterung von Handlungsoptionen für die Betroffenen – also das grundlegende Handlungsziel Sozialer Arbeit – von vornherein nur beschränkt möglich.

Eine reflexive räumliche Haltung, wie sie in dieser Einführung als Alternative zu der Mehrheit der sozialraumorientierten Strategien vorgeschlagen wird (in Kapitel 2), setzt demgegenüber voraus, dass sich die Akteure der ihren Vorgehensweisen zugrunde gelegten Raumbilder vergewissern und damit die Grenzen dieser Deutungsversuche bewusst wahrnehmen. Erst ein solches *reflexives* Vorgehen kann verhindern, dass mögliche Handlungsoptionen für die Betroffenen nicht schon konzeptionell, also vor (sozialpädagogischem) Handlungsvollzug ausgeschlossen werden. Selbstverständlich sollte dieser Hinweis nicht dahingehend missverstanden werden, dass sozialpädagogische Vorgehensweisen keine Raumbilder innehaben sollten. Sozialen Praktiken unterliegen immer spezifische Deutungen, raumbezogenen Vorgehensweisen damit notwendigerweise bestimmte Deutungen der Raumordnung, also bestimmte Raumbilder – das wurde im ersten Kapitel mit dem Hinweis auf die jeweilige „Rede vom Raum" bezeichnet. *Professionelle* Vorgehensweisen und damit reflexive Strategien, wie eine räumliche Haltung, setzen allerdings voraus, dass sich die Akteure dieser *Vorannahmen vergewissern*, das heißt, dass sie sich die produzierten Handlungsbeschränkungen bewusst machen und damit in ihr Handeln einbeziehen, um sie auch *möglichst weitgehend beeinflussen* zu können.

Raumbilder – aktuelle Thematisierungen von Sozialraum in der Sozialen Arbeit

Seit dem 19. Jahrhundert wurden in den entstandenen (modernen) Nationalstaaten unterschiedliche Formen wohlfahrtsstaatlicher Arrangements ausgebildet. Gemeinsam war all diesen Systemen die Grundannahme, dass menschliche Notlagen nicht das alleinige Verschulden einzelner Gesellschaftsmitglieder darstellen, sondern ihre Verhinderung und der Ausgleich ihrer Folgen in die öffentliche Verantwortung fallen (*soziales Risiko*). Ganz im Sinne des modernen Glaubens an die Möglichkeit der Rationalisierung ging man auch davon aus, dass diese kollektive Risikokalkulation planbar und steuerbar ist. Wohlfahrtsstaaten sind also dadurch charakterisiert, dass sie einen Schutz im Fall menschlicher Notlagen anbieten und präventiv gegen diese vorzugehen versuchen. Sie tun dies allerdings keineswegs aus rein humanitären Motiven, sondern zur Normalisierung des Verhaltens der Bevölkerung. Denn die Grundvereinbarung des wohlfahrtsstaatlichen Arrangements lautet: Die Bevölkerung bekommt einen gewissen Grad an Schutz und hält sich im Gegenzug an die vorherrschenden Modelle der Lebensführung. Im nationalwohlfahrtsstaatlichen Zusammenhang finden diese Lebensführungsmodelle ihren zentralen Ankerpunkt in der Erwerbstätigkeit vor allem der erwachsenen männlichen Bevölkerungsanteile und der damit verbundenen Anrufung der weiblichen Gesellschaftsmitglieder als soziale Reproduktionskräfte. Das heißt, das staatlich verfasste Versprechen an die Gesellschaftsmitglieder lautet etwas formelhaft zusammengefasst: Wenn ihr Männer durchschnittlich circa 40 Jahre erwerbstätig seid, mit euren Frauen zusammen Familien gründet und diese finanziell versorgt, und ihr Frauen dazu den Männern die Erziehungs- und Hausarbeit abnehmt und euch von den Männern dafür versorgen lasst und ihr Frauen wie Männer euch schließlich an die gültigen Regeln des Zusammenlebens haltet, dann treten im Fall einer unvorhergesehenen Notlage die Hilfssysteme in Kraft – sei es, weil ihr krank, arbeitslos oder invalide geworden seid. Die Gültigkeit, die Legitimation und damit verbunden die Sinnhaftigkeit dieses Versprechens werden aber seit dem letzten Drittel des 20. Jahrhunderts aus ganz unterschiedlichen politischen Richtungen in Zweifel gezogen, wie oben bereits angemerkt wurde. Diese wohlfahrtsstaatskritischen Stellungnahmen haben inzwischen dazu geführt, dass die wohlfahrtsstaatliche Vereinbarung zur kollektiven Risikokalkulation brüchig geworden ist.

Das bisherige wohlfahrtsstaatliche Arrangement befindet sich daher in einem grundlegenden Transformationsprozess und damit die bisherige soziale Ordnung, die immer eine Ordnung im nationalstaatlichen Rahmen war. Innerhalb der Beiträge zu einer sozialraumorientierten Neujustierung werden dabei die genannten vier Raumdimensionen dieses Prozesses immer wieder hervorgehoben.

Der Global/Lokale Raum (Raumbild 1)

Im Prozess der „Globalisierung" verändert die bisherige Welt der Nationalstaaten ihre Form. Politische, ökonomische und kulturelle Zusammenhänge waren bis ins letzte Drittel des 20. Jahrhunderts dominiert von der Vorstellung eines nationalstaatlichen Raumes, welcher sich seit dem 17. Jahrhundert entwickelt und in den folgenden beiden Jahrhunderten etabliert hat. Politische Institutionen und Entscheidungsprozesse waren auf dieser Ebene konzentriert; ökonomische Prozesse wurden primär in diesem Rahmen reguliert;

und kulturell beanspruchten diese nationalen Gemeinschaften die Definitionsmacht darüber, welchen Formen der Lebensgestaltung der Anspruch auf Zugehörigkeit erteilt wird und welchen nicht. Der gesellschaftliche Raum und der territoriale Raum waren in dieser spezifischen Weise im Modell des Nationalstaats miteinander verschränkt.

Sozialpolitik und Soziale Arbeit sind als Teil der sich etablierenden Nationalstaaten im 19. Jahrhundert erst entstanden. Der Anspruch staatlicher Regulierung nationaler Bevölkerungseinheiten machte es notwendig zu kontrollieren, wie die Einzelnen ihr Leben gestalten (*Lebensführung*). Mit dieser Kontrolle wurden öffentliche (Schulen, Sozialämter oder Jugendämter) oder zumindest öffentlich regulierte Instanzen (Wohlfahrtsverbände oder freie Träger der Kinder- und Jugendhilfe) beauftragt. Sie bilden seither ein institutionelles Setting, mit dem Bevölkerungen im jeweiligen nationalstaatlichen Raum regiert werden bzw. dazu angehalten werden, sich selbst zu regieren. Der Soziologe Franz-Xaver Kaufmann spricht von einem wohlfahrtsstaatlichen Arrangement. Das Versprechen dieses wohlfahrtsstaatlich formierten nationalstaatlichen Raumes ist hoch. Denn die individuelle Freiheit soll nicht nur gesichert, sondern gesteigert, aber auch die kollektive Vorsorge gegen menschliche Notlagen garantiert werden. Dieses Freiheits- und Vorsorgeversprechen ist aber immer zugleich eine staatliche Regulierungsstrategie. Denn es geht immer darum, die Lebensführung der Einzelnen als Teil der Bevölkerung so zu justieren, dass diese den Anforderungen der industriellen Produktionsprozesse, der kulturell vereinbarten (bürgerlichen) Verhaltensweisen und dem Modell der (klein)familiären Reproduktion gerecht werden (können). Denn so lautet die Vereinbarung im nationalen Wohlfahrtsstaat: Das wohlfahrtsstaatliche Arrangement sichert den Einzelnen davor, nach einem Unfall oder im Alter ins Elend zu fallen. Dafür muss sich der Einzelne allerdings den vorherrschenden Normalitätsformen weitgehend anpassen (*Normalisierung*). Das wohlfahrtsstaatliche Arrangement ist damit deutlich als moderne Formation erkennbar: Mit rational kalkulierten Strategien wird eine Homogenisierung menschlicher Lebensführung angestrebt – der nationale Raum ist gedacht als ein relativ homogener Raum.

Seit dem letzten Drittel des 20. Jahrhunderts lassen sich verschiedene Prozesse beobachten, die diese bisherige nationalstaatliche Raumordnung deutlich verändern: eine Internationalisierung der Ökonomie, vor allem der Finanzmärkte, Digitalisierung und Computerisierung von Produktions- und Dienstleistungsprozessen und eine Neuverteilung der Macht- und Herrschaftsverhältnisse. Einerseits gewinnen räumliche Zusammenhänge „oberhalb" und andererseits „unterhalb" der Nationalstaaten an Relevanz, wie dies weiter unten ausgeführt wird. In den Blick gerät der „große Raum" des Globalen und damit inter-nationale und trans-nationale Räume. Denn die bisherige national-staatliche Raumordnung wird zumindest teilweise aus ihren bisherigen sozialen und ökonomischen Verankerungen gelöst. Der Wirtschaftswissenschaftler Karl Polanyi sprach bereits in seiner Analyse der Industrialisierung von einem „Disembedding", einer Entbettung des Marktes aus gesellschaftlichen Zusammenhängen. Dieser Prozess erfährt am Ende des 20. Jahrhunderts eine neue Qualität und Quantität. Die Weltfinanzmärkte haben sich zu einer selbständigen Verwertungssphäre für Kapital entwickelt, wie Mario Candeias in seiner Studie zur transnationalen kapitalistischen Produktions- und Lebensweise formuliert.

Originaltext aus:
Elmar Altvater: Das Ende des Kapitalismus wie wir ihn kennen. Münster 2005.

„Das Charakteristikum der Globalisierung ist (...) nicht die Expansion von Räumen durch das Hinausschieben von Grenzen und Eroberung von Territorien (von ‚weißen Flecken auf der Landkarte') wie zu Zeiten von Kolonialismus oder ‚altem' Imperialismus, nicht das ‚Wachsen des Staates', wie die Geopolitik unterstellt, sondern die Negation aller äußeren Grenzen der kapitalistischen Expansion. Globalisierung ist vor allem ein Prozess der ökonomischen Integration durch Deregulierung der Finanzmärkte, Liberalisierung des Welthandels und Privatisierung von öffentlichen Gütern."

(Altvater 2005, S. 61).

Dieser Prozess wird auch als Prozess beschrieben, der zu einer Unterhöhlung der bisherigen Integrationsräume führt: Das wohlfahrtsstaatliche Arrangement könne aufgrund der zunehmenden Entbettung des Marktes immer weniger die notwendige Integration leisten, denn die einzelnen Nationalstaaten könnten zunehmend weniger als relativ unabhängige politische Einheit agieren, sondern würden in wachsendem Maße zu Standortkonkurrenten auf dem Weltmarkt. Unternehmen drohen damit, Produktionsstätten und Dienstleistungen ins Ausland zu verlagern. Diese Drohung wird unterstrichen mit einem Verweis auf eine wachsende Zahl von freien Produktionszonen, wie sie in den letzten Jahren vor allem in so genannten Entwicklungs- und Schwellenländern entstanden sind. Freie Produktionszonen sind kleinräumige Freihandelsgebiete in einem Land. In diesen Gebieten werden vor allem steuerliche Belastungen und Zollbeschränkungen außer Kraft gesetzt, um die Ansiedlung vor allem von Produktionsstätten attraktiv zu machen. In den meisten Fällen fehlen in diesen freien Produktionszonen außerdem weitgehende Regelungen zum Arbeitsschutz und gültige Sozialstandards. Diese Gebiete verweisen auf die Relevanz räumlicher Einheiten, die „unterhalb" der Nationalstaaten liegen – gleichsam als Parallelbewegung zu den aufgezeigten „größeren" Einheiten.

Originaltext aus:
Naomi Klein: No Logo! Der Kampf der Global Players um Marktmacht. Ein Spiel mit vielen Verlierern und wenigen Gewinnern. München 2001.

„Die Zone ist ein isolierter, steuerfreier Wirtschaftsraum, in dem weder die Stadt- noch die Provinzregierung etwas zu sagen haben – ein kleiner Militärstaat inmitten einer Demokratie.

Eine Exportproduktionszone (...) ist ein souveränes Territorium, in dem Güter hergestellt werden. Ein Gebiet, in dem es weder Ein- noch Ausfuhrzölle gibt und weder Einkommens- noch Vermögenssteuern bezahlt werden. (...) Diese reinen Industrieenklaven verbergen sich unter dem Mantel der Flüchtigkeit; die Verträge werden unauffällig geschlossen und laufen unauffällig wieder aus; die Arbeiter sind vorwiegend Migranten, weit weg von ihrem Zuhause mit wenig Verbindung zur Stadt oder Provinz, wo die Zonen sich befinden; die Arbeitsplätze selbst sind befristet, und die Fristen werden häufig nicht verlängert."

(Klein 2001, S. 215 f.)

Als Reaktion auf Abwanderungsdrohungen werden auch in der Bundesrepublik und anderen OECD-Staaten Steuerbelastungen für Unternehmen radikal reduziert, Arbeitszeiten wieder ausgeweitet, Lohn- und Gehaltserhöhungen in vielen Branchen höchstens noch zur Substitution des Inflationsausgleichs vereinbart. Zugleich hat die Zahl prekärer Beschäftigungsverhältnisse deutlich zugenommen. Auch in der Bundesrepublik vergrößert sich die Zahl derjenigen, die trotz Jobs aufgrund minimaler Einkommen unter der Armutsgrenze leben müssen. Auf das Phänomen dieser Working Poor wurde sozialwissenschaftlich zuerst in den USA hingewiesen. Die USA und auch andere Staaten, wie Großbritannien, haben in den 1990er Jahren eine Reduzierung ihrer Erwerbslosenquoten gefeiert. Allerdings beruhen die Erfolge weitgehend auf der Ausdehnung prekärer Beschäftigungsverhältnisse, die zur Ausbildung der Working Poor geführt haben. Die Betroffenen sind zwar nicht mehr erwerbslos, aber weiterhin auf ein Leben unterhalb der Armutsgrenze verwiesen. Die US-Regierung sieht sich daher auch gezwungen, vielen US-Bürgern über die Finanzämter einen Einkommenszuschuss („Earned Income Tax Credit") auszubezahlen. Die Summe der bezahlten Einkommenszuschüsse hat Ende der 1990er Jahre bereits die Summe der gewährten Sozialhilfemittel überschritten. De facto werden damit die Arbeitgeber von prekären Beschäftigungsverhältnissen zusätzlich zu gewährten Steuerentlastungen und regional erteilten Zuschüssen bei einer Neuansiedelung deutlich subventioniert.

Darüber hinaus hat sich der Anteil an den öffentlichen Haushalten der Bundesrepublik, der aus Abgaben, Gebühren der Privathaushalte und direkten Steuern stammt, die auch zum allergrößten Teil von Privathaushalten getragen werden, Anfang des 21. Jahrhunderts deutlich erhöht.

Außerdem spielen die bisherigen nationalstaatlichen Grenzen für viele einflussreichere Bevölkerungsgruppen eine zunehmend geringere Rolle. Gleichzeitig werden Grenzkontrollen und Grenzschließungen für marginalisierte Bevölkerungen oder Bevölkerungsgruppen in einer seit dem Zweiten Weltkrieg nicht mehr gekannten Weise durchgeführt, wie das Beispiel der Frontex-Initiative durch die Europäische Union zeigt, mit der Flüchtlinge aus afrikanischen Staaten bereits auf dem Seeweg aufgespürt und abgedrängt werden.

Eine Konsequenz dieser unterschiedlichen Entwicklungen ist die Infragestellung des bisher bestehenden Orientierungsrahmens sozialpolitischen Handelns: des wohlfahrtsstaatlichen Arrangements auf nationalstaatlicher Ebene. Wo sollen und können heute soziale Probleme gelöst werden? Können dem globalen Kapitalismus Schranken gesetzt werden – und wenn ja, wo? Sind die transnational kursierenden und extrem mobilen Kapitalströme einzudämmen? Wie können kollektive Sicherungssysteme weiterhin und in neuer Form garantiert werden, um eine freiheitliche Lebensführung der Gesellschaftsmitglieder auch zukünftig zu sichern?

Mit Franz-Xaver Kaufmann können wir drei Dimensionen der damit verbundenen räumlichen Veränderungen unterscheiden, die zumeist unter dem Stichwort der „Globalisierung" zusammengefasst werden:

➤ *Globalisierung* im engeren Sinn bestimmt Kaufmann als Zunahme weltumspannender Prozesse, vor allem in den Sphären der Kommunikation und - einer Entstehung eines weltweiten Bewusstseins. Die Welt weist in diesem Sinne Tendenzen auf, in wachsendem Maße zu einem globalen Raum zu werden. Dies zeigt sich beispielsweise in der Vereinheitlichung von Lebensstilen im städtischen Raum.

➤ Als *Internationalisierung* beschreibt Kaufmann die zunehmend nationalstaatliche Grenzen überschreitenden ökonomischen Prozesse, aber auch die Zunahme grenzüberschreitender Mobilität und eines grenzüberschreitenden Informationsaustausches. Besonders augenfällig sind diese Entwicklungen in der Internationalisierung der Kapitalmärkte, dem immens angewachsenen weltweiten Tourismus und der internationalen Verbreitung von ehemals nationalen Fernsehsendern.

> Die Ausbildung von politischen Entscheidungsstrukturen oberhalb und quer zu den nationalstaatlichen Instanzen, wie sie beispielsweise in der Europäischen Union oder der so genannten G8 ausgebildet werden, bezeichnet Kaufmann schließlich als *Transnationalisierung*.

Originaltext aus:
Anthony Giddens: Konsequenzen der Moderne. Frankfurt/Main 1996.

„Definieren lässt sich der Begriff der Globalisierung demnach im Sinne einer Intensivierung weltweiter sozialer Beziehungen, durch die entfernte Orte in solcher Weise miteinander verbunden werden, dass Ereignisse an einem Ort durch Vorgänge geprägt werden, die sich an einem viele Kilometer entfernten Ort abspielen und umgekehrt. (…)

Ein Merkmal der Dislozierung (als charakteristische Eigenschaft der Globalisierung, FK/CR) ist unsere Verpflanzung in globalisierte Kultur- und Informationsumfelder, und das bedeutet, dass Vertrautheit und Ort sehr viel weniger fest verbunden sind als bisher. (…) Das Gegenstück zur Dislozierung ist die Rückbettung. Die Entbettungsmechanismen heben soziale Beziehungen und den Informationsaustausch aus spezifischen raumzeitlichen Kontexten heraus, doch zur gleichen Zeit geben sie neue Gelegenheiten für ihre Wiedereingliederung. (…) Genau dieselben Prozesse, die zur Zerstörung älterer Stadtviertel und ihre Ersetzung durch hoch aufragende Bürohäuser und Wolkenkratzer führen, gestatten oft die Anhebung des Niveaus anderer Gebiete und die Neuschaffung der örtlichen Umgebung. (…) Ebenso charakteristisch ist die Neuschaffung von relativ kleinen und frei gestaltbaren Örtlichkeiten."

(Giddens 1996, S. 85 und S. 175 f.)

Deregulierungs- und Liberalisierungsprozesse haben vor allem die internationalen Finanzmärkte dynamisiert und ein relativ unabhängiges globales Finanzsystem etabliert. Auf diesem Weltfinanzmarkt werden inzwischen immense Gewinne erzielt und Verluste gemacht, die nur noch teilweise an konkrete Produktionsprozesse von Waren oder Dienstleistungen und damit an die konkreten Produktionsstandorte rückgebunden sind. Diese relativ unabhängige Eigenverwertung von Kapital ist verbunden mit veränderten internationalen und nationalen Macht- und Herrschaftsverhältnissen. Die bisherige politische Regulierung der nationalen Ökonomien, deren Ziel es war, die Waren- und Dienstleistungsproduktion zu kontrollieren, die Konsumptionsmöglichkeiten der Gesellschaftsmitglieder zumindest auf einem bestimmten Niveau zu garantieren und die Erwerbstätigen und die von diesen wirtschaftlich abhängigen Personen vor existenziellen Lebensrisiken abzusichern, wird mit Verweis auf Globalisierungsprozesse zugunsten neuer flexibler und marktförmiger Regulationsformen teilweise reduziert und vor allem transformiert. Die Nationalstaaten versuchen, sich primär als Wettbewerber auf internationalen Märkten zu positionieren: dem „Finanzmarkt", dem „Dienstleistungsmarkt" oder dem „Bildungsmarkt".

Allerdings widerspricht der häufig formulierten Behauptung, Nationalstaaten verlören im Rahmen der Globalisierungsprozesse ihre politischen Regulationsmöglichkeiten, die genaue Analyse. Nationalstaaten ziehen sich keineswegs völlig aus der Regulation der neu formierten internationalen Märkte zurück, sondern haben die Form ihrer Regulierung radikal verändert. Sie versuchen nicht mehr primär, ökonomische Prozesse zu steuern, sondern sie stattdessen anzutreiben. Außerdem haben sie jenseits ihrer nationalstaatlichen Regierungsinstanzen weitere und neue Regulationsnetzwerke installiert: beispielsweise die „Welthandelsorganisation" (WTO) oder die „Gruppe der Acht" (G8). Diese transnationalen Akteure nehmen wiederum Einfluss auf die Regulierung nationalstaatlicher Räume und sind aber gleichzeitig erst das Ergebnis nationalstaatlicher Regulationsvereinbarungen.

Regionen und Städte werden in diesen neuen post-wohlfahrtsstaatlichen Regulationsräumen zunehmend zu Standorten reduziert. Auch Städte und Regionen formulieren daher als primäres Ziel, sich auf regionalen, nationalen und internationalen Märkten behaupten zu müssen und versuchen sich als Standort erfolgreich anzupreisen und zu verkaufen. Das Eingebundensein eines Standortes in die bisherige territoriale Einheit des Nationalstaats erscheint dabei eher als ein Hindernis. Das führt dazu, dass bisherige nationalstaatliche Instrumente, wie der Länderfinanzausgleich zwischen den bundesrepublikanischen Bundesländern von den ökonomisch erfolgreicheren Regionen und Gemeinden zu den weniger erfolgreichen, zunehmend in Frage gestellt werden – insbesondere da die Erfolgreicheren nicht mehr bereit sind, ihre bisherigen finanziellen Beiträge zur Unterstützung anderer schwächerer Regionen bereitzustellen. Denn dieser Ausgleich stelle eine Verzerrung des Wettbewerbs dar.

Originaltext aus:
Marc Augé: Orte und Nicht-Orte. Vorüberlegungen zu einer Ethnologie der Einsamkeit. Frankfurt/Main 1994.

„Wenn ein Flugzeug auf einem Fernflug saudiarabisches Territorium überquert, verkündet die Stewardess, dass der Konsum von Alkohol für die Zeit des Überflugs untersagt ist. Hier zeigt sich, wie das Territorium in den Raum eindringt. Boden = Gesellschaft = Nation = Kultur = Religion: Die Gleichung des anthropologischen Ortes findet ihre flüchtige Niederschrift im Raum. Befindet man sich dann wenig später wieder im Nicht-Ort des Raumes und ist dem totalitären Zwang des Ortes entgangen, so gewinnt man etwas wieder, das der Freiheit ähnelt. (...)

Verweilen wir einen Augenblick bei der Definition des anthropologischen Ortes, so stellen wir fest, daß er zunächst geometrischer Art ist. Er läßt sich auf der Basis dreier einfacher räumlicher Formen fassen, die auf verschiedene institutionelle Dispositive anwendbar sind und in gewisser Weise die elementaren Formen des sozialen Raumes bilden. Geometrisch gesprochen handelt es sich um die Linie, das Schneiden von Linien und den Schnittpunkt. Konkret und in der Geographie, die uns allgemein vertrauter ist, können wir einerseits von Bahnen, Achsen oder Wegen sprechen, die von einem Ort zu einem anderen führen und die von den Menschen geschaffen worden sind, andererseits von Kreuzungspunkten und Plätzen, an denen die Menschen einander begegnen und sich versammeln und denen sie zuweilen beträchtliche Ausmaße verliehen haben, damit sie, vor allem die Marktplätze, den Anforderungen des ökonomischen Austauschs genügen und schließlich von mehr oder weniger monumentalen Zentren religiöser oder politischer Art, die von bestimmten Menschen erbaut worden sind und nun ihrerseits Räume und Grenzen definieren, jenseits deren andere Menschen sich als andere definieren, jeweils im Verhältnis zu anderen Zentren und anderen Räumen."

(Augé 1994, S. 137 und S. 69 f.)

In den sozialpolitischen Auseinandersetzungen und den Feldern der Sozialen Arbeit wird – und das ist gleichsam die andere Seite der Suche nach neuen räumlichen Einheiten – auf diese Prozesse zunehmend durch einen Perspektivwechsel hin zu „kleinen Räumen" reagiert. Wenn der nationale Raum als Integrationsraum immer brüchiger wird, scheint es naheliegend, einen neuen Raumbezug zu suchen, der nun im lokalen Nahraum gefunden wird. Hier soll sozialer Zusammenhalt wieder hergestellt werden. Die diagnostizierte Entbettung menschlicher Beziehungen soll hier eine (lokale) Rückbettung erfahren. Anthony Giddens spricht von dem notwendigen Re-Embedding des

Sozialen. Durch die Abgrenzung vom großen Raum und der damit verbundenen ökonomischen Globalisierung soll also das Agieren im kleinen Raum ermöglicht werden – ein neuer Orientierungsrahmen scheint damit gegeben. Im Rahmen der sozialarbeiterischen Sozialraumorientierungsprogramme findet sich dieses Raumbild des Global/Lokal vor allem in einigen gemeinwesenökonomischen Ansätzen wieder. Lokalisierung wird hier als entscheidende raumbezogene Strategie verstanden, den globalen Prozessen zu begegnen.

Originaltext aus:
Peter Ruhenstroth-Bauer: Grußwort für die Broschüre „21xLOSgelegt" im Rahmen des Programms „Lokales Kapital für Soziale Zwecke" (LOS)

„Mit LOS setzen wir da an, wo konkret Hilfe benötigt wird. Vor Ort, bei den Menschen, die in der Gesellschaft benachteiligt sind, und in den Stadtteilen, die Unterstützung bei der Infrastruktur brauchen. Damit leistet die Bundesregierung einen wichtigen Beitrag zur Unterstützung derjenigen, die Schwierigkeiten haben, sich auf dem Arbeitsmarkt zu Recht zu finden, und verbessert die Lebensbedingungen in sozialen Brennpunktgebieten.

Aber so wichtig staatliche Unterstützungsprogramme auch sind – sie können immer nur einen begrenzten Beitrag leisten. Die Lösung der Probleme kann letztlich nur vor Ort, in den Problembezirken selbst, unter Beteiligung der dort lebenden Menschen erfolgen. Deshalb gibt LOS nur die Rahmenbedingungen vor – die konkreten Projektideen werden von denen, die vor Ort die Chancen und Probleme ihres Stadtteils am besten kennen, entwickelt und auch umgesetzt."

(Quelle: http://www.los-online.de/content/e326/e4465/index_ger.html; Stand 8.12.2006)

Zusammenfassung

Programme der sozialraumorientierten Neujustierung Sozialer Arbeit werden häufig mit dem Verweis auf die zunehmenden Globalisierungsprozesse begründet. Der bisherige nationalstaatliche Raum diffundiere zugunsten globaler Zusammenhänge. Daher sei ein neuer Raum für die Rekonstruktion sozialer Zusammenhänge zu finden, der unterhalb der nationalstaatlichen Ebene im Lokalen liege. Die damit zugrunde gelegte Diagnose der Globalisierung ist allerdings relativ ungenau. Denn wenn von „Globalisierung" gesprochen wird, wird zumeist nur eine von unterschiedlichen Globalisierungsdimensionen in den Blick genommen, oder die unterschiedlichen Dimensionen werden nicht voneinander unterschieden. Auf den „großen" Raum „über" den Nationalstaaten wird schlicht mit einer Orientierung an „kleinen" Räumen „unterhalb" reagiert.

Versucht man dagegen genauer zu beschreiben, was unter dem Stichwort „Globalisierung" zumeist zusammengefasst wird, ist vor allem auf drei verschiedene Prozesse hinzuweisen: eine Zunahme weltumspannender Homogenisierungsprozesse im Lebensstil, wachsende, nationalstaatliche Grenzen überschreitende ökonomische Prozesse und die Ausbildung von politischen Entscheidungsstrukturen oberhalb und quer zu den nationalstaatlichen Instanzen.

Allerdings kann von einer generellen Schwächung der nationalstaatlichen Regulierungsinstanzen in diesem Prozess keineswegs die Rede sein. Nationalstaaten ziehen sich keineswegs aus der Regulation der neu formierten internationalen Kommunikationsformen oder des Weltmarktes zurück. Die Form der Regulierung wird aber zum Teil radikal verändert. Die Regulierungsaktivitäten nationalstaatlicher Instanzen zielen nicht mehr primär auf die Steuerung ökonomischer Prozesse, sondern wollen diese vielmehr antreiben. Regionen und Städte werden in diesen neuen post-wohlfahrtsstaatlichen Regulationsräumen zunehmend zu Standorten reduziert.

📖 *Literatur zur Vertiefung:*

Zeitdiagnose „Globalisierung"
Candeias, Mario: Neoliberalismus – Hochtechnologie – Hegemonie. Grundrisse einer transnationalen kapitalistischen Produktions- und Lebensweise: eine Kritik. Hamburg 2004.
Ahrens, Daniela: Grenzen der Enträumlichung. Weltstädte, Cyberspace und transnationale Räume in der globalisierten Moderne. Opladen 2001.

Lokalisierung als Strategie
Elsen, Susanne: Zivile Gesellschaft gestalten. Gemeinwesen als Lern- und Handlungsort nachhaltiger Entwicklung. In: Elsen, Susanne u. a. (Hrsg.): Sozialen Wandel gestalten. Lernen für die Zivilgesellschaft. Neuwied 2000, S. 94–125.
Birkhölzer, Karl: Formen und Reichweite lokaler Ökonomien. In: Ihmig, Harald (Hrsg.): Wochenmarkt und Weltmarkt. Kommunale Alternativen zum globalen Kapitalismus. Bielefeld 2000, S. 56–88.
Ihmig, Harald (Hrsg.): Wochenmarkt und Weltmarkt. Kommunale Alternativen zum globalen Kapitalismus. Bielefeld 2000.

Kritische Perspektive
Welz, Gisela: Der Tod des Lokalen als Ekstase des Lokalismus. Am Beispiel des Gallus-Viertels. In: Noller, Peter/Prigge, Walter/Ronneberger, Klaus (Hrsg.): Stadt-Welt. Über die Globalisierung städtischer Milieus. Frankfurt/Main und New York 1994, S. 218–225.

Raumbild 2. Der Abgekoppelte/Aufgewertete Raum

Im Prozess der Transformation des bisherigen wohlfahrtsstaatlichen Arrangements orientieren sich Wirtschaft und Politik zunehmend an den konsumkräftigen Bewohnern der Städte und deren Lebensstilen. Bestimmte weiche Standortfaktoren, wie die Wohnqualität oder das Konsumniveau, erlangen eine immer größere Rolle. Andere Aspekte, wie öffentliche Angebote – die Bereitstellung von Sportanlagen, von außerschulischen Bildungsmöglichkeiten (Stadtbibliotheken, Volkshochschulen, Musikschulen) oder Angeboten der Kinder- und Jugendarbeit – werden dagegen zunehmend unter Kostengesichtspunkten als nicht oder kaum mehr finanzierbar bestimmt. Konsequenz ist dann häufig deren Schließung, ihre Überführung in marktförmige Strukturen oder die Übernahme der Angebote durch die Gesellschaftsmitglieder selbst (*bürgerschaftliches Engagement*).

Die Übernahme durch Bürgerinitiativen, Vereine oder Genossenschaften könnte auf den ersten Blick nicht nur als eine durchaus angemessene Lösung angesehen werden, nehmen doch damit „die Bürger die Dinge selbst in die Hand". Ein solches bürgerschaftliches Engagement wird häufig sogar als eine noch viel bessere als alle bisherigen Lösungen angepriesen. Schließlich wären damit weder staatliche Instanzen noch Marktakteure die Erbringungsinstanzen, sondern die lebensweltlichen Zusammenschlüsse von Gesellschaftsmitgliedern selbst. Für Sozialpolitik wie Soziale Arbeit wird von vielen Autorinnen und Autoren daher in den letzten Jahren verstärkt die Alternative einer Bürgergesellschaft statt der dominierenden Leistungsgesellschaft gefordert, wie Christoph Butterwegge in seinen Überlegungen zum Verhältnis von Wohlfahrtsstaat und Sozialer Arbeit schreibt. Denn letztere beförderte Kooperation statt Konkurrenzverhalten, Mitmenschlichkeit und Toleranz statt Gleichgültigkeit und Elitebewusstsein. Allerdings weisen die realen Versuche einer bürgerschaftlichen Übernahme deutlich auf die strukturellen Grenzen einer solchen Überführung bisher systemischer Erbringungsleistungen in die Lebenswelt hin. Zum einen bleiben die Finanzierungsfragen, die zumeist den Grund für die Auslagerung bisher öffentlicher Leistungserbringung darstellten, bestehen. Das zeigen die Versuche der freien Trägerschaft von Schwimmbädern oder Bibliotheken in den letzten Jahren. Zwar ist es in einer ganzen Reihe von Städten und Gemeinden gelungen, dass derartige, ehemals kommunal getragene Angebote einige Jahre bürgerschaftlich organisiert werden. Doch spätestens bei der Frage von (notwendigen) Neuanschaffungen oder Renovierungen, wie es im Fall von Freibädern inzwischen vielfach zu beobachten ist, kommen diese freien Trägerschaften an ihre Kapazitätsgrenzen. Die Folge ist entweder ihre – nun um nur ein paar Jahre verschobene – Schließung, die das bürgerschaftliche Engagement eigentlich verhindern sollte, oder die Erschließung neuer Einnahmequellen durch die Trägerinitiativen. Die naheliegendste Quelle ist dabei auch die problematischste: Eintritte bzw.

deren deutliche Erhöhung oder die Erhebung von Gebühren. Denn damit laufen die Initiativen in die strukturelle Falle einer anderen Lösungsstrategie, die eigentlich auch verhindert werden sollte: eine marktförmige Lösung. Das Problem einer Überführung bisher öffentlicher Infrastrukturen in marktförmige, das heißt beispielsweise die Kommerzialisierung von Freibädern oder Jugendarbeitsangeboten, ist, dass die Nutzer damit in eine andere Rolle kommen, nämlich die der Konsumenten. Die Angebotsnutzung wird nun von der Verfügbarkeit über finanzielle Ressourcen abhängig. Will man dieses verhindern, stellt sich die Frage nach anderen Finanzierungsquellen, die nicht aus Eintrittsgeldern oder Gebühren gespeist werden. Hier bietet sich an, wie der Blick auf verschiedene Beispiele verdeutlicht, entweder öffentliche Unterstützung einzuwerben, womit sich allerdings der Kreis schließt und wieder staatliche Instanzen, die die Erbringungsleistung ja abgeben sollten, beteiligt sind – zumindest an der Mittelvergabe. Oder man sucht nach privaten Geldgebern, wie Stiftungen, Sponsoren oder Einzelspendern. Doch auch dieser Weg erweist sich als ziemlich steinig. Zum einen ist er sehr mühselig, denn der Aufwand einer Antragsstellung bzw. des notwendigen Einsammelns von Spendengeldern (*Fundraising*) überfordert viele bürgerschaftlichen Initiativen zeitlich und organisatorisch. Zudem ist er gerade im Fall der Finanzierung bisher öffentlich bereitgestellter Angebote meist auch nur wenig erfolgreich, was vor allem damit zu tun hat, dass private Geldgeber viel leichter für innovative Einzelprojekte zu mobilisieren sind als für kontinuierliche Angebotsstrukturen, mit denen nur relativ wenig Renommee zu gewinnen ist.

Doch nicht nur die Finanzierung begrenzt die Möglichkeit des bürgerschaftlichen Engagements. Patricia Landolt zeigt am Beispiel der salvadorianischen Einwanderergruppen in Nordamerika eindrücklich, wie bürgerschaftliche Initiativen zwar beeindruckende Ressourcen zu mobilisieren vermögen. Anfang der 1990er Jahre besuchten spätere Initiatoren dieser Gruppen das bürgerkriegzerstörte El Salvador nach dem Abschluss des Friedensvertrags. Die teilweise völlig zerstörte Infrastruktur führte zum Engagement der nun beispielsweise in Washington DC oder Los Angeles entstehenden Hometown Associations. Nach Angaben der Weltbank haben Einwanderer 2001 zwei Milliarden US-Dollar nach El Salvador überwiesen, zu denen die Hometown Associations einen nicht unbeträchtlichen Teil beitrugen. Die in den folgenden Jahren deutlich reduzierten Mitgliederzahlen ließen diese Unterstützung allerdings zunehmend bröckeln. Vor allem aber, und das zeigt Patricia Landolt in ihren Studien sehr deutlich, erweist sich die Logik der Geldverteilung als extrem ungleich (*soziale Schließung*). Projekte konzentrierten sich nur auf innerstädtische Bereiche oder besonders exponierte Projekte wie Fußball-Ligen und Sportstadien, was Landolt auf bestimmte persönliche Beziehungsstrukturen zurückführt. Bürgerschaftliche Initiativen unterliegen nämlich im Unterschied zu staatlichen Instanzen, die im Idealfall aufgrund formalisierter Teilhaberechte agieren, den Prinzipien von Loyalität und Interpersonalität.

Und nur die Mitglieder selbst profitieren von den angebotenen Leistungen. Nun ist in beiden Fällen zwar die Mitgliedschaft entscheidend, allerdings ist sie im ersten Fall als Staatsbürgerschaft nicht von der Entscheidung eines Vorstands oder einer spezifischen Satzung abhängig. Dagegen ist das Recht auf Mitgliedschaft in einer Initiative von der Loyalität der bisherigen Mitgliedergruppe abhängig. Das Dilemma ist nun, dass diese Mitglieder keineswegs ein Abbild der Gesellschaft präsentieren – das gilt auch für das strenger formalisierte bundesdeutsche Modell des Vereins (e. V.). Mehrere Studien haben in den letzten Jahren unter anderem für den deutschsprachigen Raum gezeigt, dass das typisch bürgerschaftlich engagierte Gesellschaftsmitglied zum einen männlich, erwerbstätig, Familienvater und mittleren Alters ist und zum anderen in den allermeisten Fällen unter sich bleibt – das heißt bürgerschaftliche Initiativen und Vereine relativ milieuhomogene Gruppen darstellen. Diese milieuspezifische Mitgliedschaft wird permanent reproduziert, das heißt, Gesellschaftsmitglieder aus anderen Milieus bleiben systematisch weitgehend ausgeschlossen. Nun könnte man sagen, dass gerade die von bürgerschaftlichen Initiativen getragenen Freibäder doch ein Gegenbeispiel darstellen: Schließlich sollen hier nicht nur Angebote für die Mitglieder, sondern für potenziell alle Bürgerinnen und Bürger bereitgestellt werden. Das kann im besten Fall zutreffen, doch meist führt der milieuspezifische Beteiligungsgrad dazu, dass die Übernahme solchen bürgerschaftlichen Engagements auch nur an den Stellen gelingt, wo dieses Milieu auch repräsentiert ist. So verfügen Wohnareale mit einem hohen Mittelschichtsanteil, hohem Akademisierungsgrad und einem hohen Familienanteil auch häufig über eine größere Zahl von bürgerschaftlichen Initiativen und damit über umfangreichere Angebote dieser Art als Stadtteile mit einem höheren Anteil an Migrantinnen, Sozialgeldbeziehern und erwerbslosen Bürgern.

Originaltext aus:

Norbert Wohlfahrt und Werner Zühlke: Ende der kommunalen Selbstverwaltung. Hamburg 2005.

„Soziale Ungleichheit schlägt sich auch sozialräumlich nieder. In einer sozial, kulturell und ethnisch unterschiedlich strukturierten Bevölkerung besteht die Tendenz, sich auch räumlich voneinander abzusondern und sozial, kulturell und ethnisch relativ homogene Räume zu bilden. Bei diesem Segregationsprozess spielen Zugangsmöglichkeiten zum Wohnungsmarkt, Attraktionskraft des Wohnumfeldes, geplante Zuweisungen, gruppenspezifische Anziehung usw. eine ausschlaggebende Rolle. Sie wirken als Mechanismen zusammen, wenn städtebaulich ungleich strukturierte Stadträume sich zu sozialräumlich identifizierbaren Quartieren entwickeln."

(Wohlfahrt und Zühlke 2005, S. 108)

Die aktuelle Entwicklung der verstärkten Überführung ehemals öffentlicher Dienstleistungsangebote in bürgerschaftliche Hände oder marktförmige Strukturen erweist sich bei näherer Betrachtung als systematischer Bestandteil eines umfassenden Prozesses der Privatisierung. Für den Bereich der Sozialen Arbeit fassen Hans-Uwe Otto und Stefan Schnurr zusammen: Staatliche Institutionen als bisherige Wohlfahrtsproduzenten sollen durch private Dienstleistungsanbieter ersetzt werden – womit sowohl markt- als auch zivilgesellschaftliche Akteure gemeint sein können.

Mit Blick auf die hier im Zentrum des Interesses stehende Frage nach der Veränderung des bisherigen sozialen Raumes lässt sich also festhalten, dass zunehmend die Figur des Konsumenten bestimmend wird – bzw. für die Soziale Arbeit etwas genauer gesprochen: die Figur des Konsumenten die Figur des bedürftigen Klienten ablöst. Der öffentliche Raum wird zunehmend zum Raum der Konsumentinnen und Konsumenten. Bürgerschaftliches Engagement stellt zwar prinzipiell eine mögliche alternative Privatisierungsstrategie bereit, bleibt aber gegenüber der dominanten Konsumorientierung sekundär. Das liegt vor allem an der Milieuimmanenz bürgerschaftlicher Initiativen: Milieugrenzen werden nicht zuletzt entlang von Konsumstilen gezogen. Diese tendenzielle Reformierung des öffentlichen Raumes für bestimmte Bedürfnisse, nämlich die Konsumbedürfnisse, ist Teil einer Polarisierung der Städte und Gemeinden in aufgewertete Areale einerseits, in denen sich auch die zahlungskräftigen Konsumenten als Mieter, Einzelhandelskunden oder zahlungskräftige Gäste der Freizeit- und Kulturangebote aufhalten. Rückseite dieser Aufwertung ist andererseits eine Abwertung anderer Räume. Denn bestimmte Bevölkerungsgruppen, die weniger zahlungskräftigen nämlich, werden aus diesen Räumen zunehmend ausgeschlossen, wie zugespitzt die „Anti-Bettler-" und „Anti-Pennergesetze" in verschiedenen bundesrepublikanischen Kommunen seit Ende der 1990er Jahre verdeutlichen, die Betteln, Alkoholtrinken oder Lagern im öffentlichen Raum als Ordnungswidrigkeit kategorisieren. Doch diese symbolischen Markierungen sind nur verkürzt erfasst und beschrieben, wenn sie nur entlang des Portemonnaieinhalts, das heißt der Menge der verfügbaren Geldmittel verortet werden. Denn es sind vor allem die damit verbundenen Lebensstile der Mehrheitsgesellschaft, die andere Bevölkerungsgruppen zu Minderheiten machen – und dabei dürfen die Begriffe der Mehrheit und der Minderheit nicht ausschließlich numerisch, das heißt in Zahlen, verstanden werden. Denn „Mehrheit" ist hier nicht unbedingt, wer zu mehreren ist, sondern wer die Definitionsmacht hat, beispielsweise darüber, dass an bundesdeutschen großstädtischen Bahnhöfen klassische Musik eingespielt wird, um bestimmte Bevölkerungsanteile von diesen Plätzen fernzuhalten oder in den 1990er Jahren Sitzmöglichkeiten in Innenstädten oder an Bahnhöfen nur noch als Teil von kommerziellen Café-, Bistro- oder Restaurantangeboten bereitgestellt werden.

Raumbilder – Transformierte Räumlichkeiten 105

> Originaltext aus:
> *Michael Krummacher, Roderich Kulbach, Viktoria Waltz und Norbert Wohlfahrt: Soziale Stadt – Sozialraumentwicklung – Quartiersmanagement. Herausforderungen für Politik, Raumplanung und soziale Arbeit. Opladen 2003.*
>
> „Beschreibend meinen die Begriffe Sozialraum und sozialräumliche Segregation den empirisch nachgewiesenen Tatbestand der Segregation und Konzentration bestimmter sozialer Schichten, sozialer und ethnischer Gruppen in bestimmten Wohngebieten/-quartieren der Städte, oder anders ausgedrückt: die Übertragung sozialer Ungleichheiten in den territorialen (städtischen) Raum."
>
> (Krummacher, Kulbach, Waltz und Wohlfahrt 2003, S. 12)

Das in den Beiträgen zu einer sozialraumorientierten Sozialen Arbeit häufig herangezogene Argument der sozialen Polarisierung von Städten und Gemeinden erweist sich somit auf der einen Seite als ein manifestes soziales Problem. Andererseits ist dieses Problem, wie hier nochmals deutlich wurde, kein Problem des Raumes selbst, sondern dessen Gestaltung (in Kapitel 1). Die Gestaltung ermöglicht oder verhindert Aneignungsformen und damit letztlich auch Zugangsmöglichkeiten oder Ausschlussformen. Von abgekoppelten oder gar ghettoisierten Stadtteilen, die eigene „Parallelgesellschaften" bilden, kann jedoch für den deutschsprachigen Raum nicht die Rede sein, auch wenn medial immer wieder entsprechende Dramatisierungen und Inszenierungen vorgenommen werden.

Ghettoisierungsprozesse, wie sie teilweise für US-amerikanische Städte diagnostiziert werden, oder die Situation der Banlieues in französischen Städten sind in der Bundesrepublik in dieser Form, zumindest bisher, nicht nachweisbar. Aber auch die dortige Situation ist nicht einfach mit Innen-Außen-Zuschreibungen des Einschlusses (*Inklusion*) und des Ausschlusses (*Exklusion*) erfassbar. Die soziale Polarisierung des sozialen Raumes geschieht vielmehr entlang der oft kleinen, feinen, aber entscheidenden Unterschiede, mit denen die sozialen Differenzen permanent (re)produziert werden, nicht primär aufgrund bestimmter geografischer Grenzziehungen zwischen einzelnen Stadtteilen.

Originaltext aus:
Martin Kronauer und Berthold Vogel: Erfahrung und Bewältigung von sozialer Ausgrenzung in der Großstadt: Was sind Quartierseffekte, was Lageeffekte? In: Hartmut Häußermann, Martin Kronauer und Walter Siebel (Hrsg.): An den Rändern der Städte: Armut und Ausgrenzung, Frankfurt/Main 2004, S. 235–257.

„Die Frage, wie Quartiere mit einem hohen Anteil von Arbeitslosen und Armen auf die Erfahrungen mit sozialer Ausgrenzung und Ausgrenzungsbedrohungen wirken, lässt sich (...) nicht eindeutig beantworten. Selbst wenn man die Frage spezifiziert und unterschiedliche Quartierstypen unterscheidet, ergibt sich kein einheitliches Bild. Zwei Gründe haben sich als ausschlaggebend erwiesen: Unterschiedliche Quartierstypen enthalten sozial unterschiedlich zusammengesetzte Armutspopulationen. Überdies wirken die Lebensbedingungen in jedem Quartier auf Teilpopulationen der Arbeitslosen und Armen in jeweils unterschiedlicher Weise. Soziale Merkmale und Quartiersmerkmale gehen also jeweils spezifische Verbindungen miteinander ein. (...) In keinem Fall aber, selbst in dem des schützenden Milieus nicht, setzen die Quartierseffekte die Lageeffekte außer Kraft."

(Kronauer und Vogel 2004, S. 256f.)

Was bedeutet die Tatsache, dass entlang der kleinen, feinen, aber entscheidenden Unterschiede, mit denen die sozialen Differenzen permanent (re)produziert werden, Herrschafts- und Machtverhältnisse im sozialen Raum stabilisiert werden für eine raumbezogene Soziale Arbeit?

Soziale Ungleichheiten, das heißt die materiellen und strukturellen Ungleichheiten, werden im Alltag vor allem als sozial-kulturelle Differenzen sichtbar. Geschmack, Mode und Verhaltensweisen zeigen sozusagen die soziale Position des jeweiligen Akteurs an – zumindest, wenn man diese milieuspezifischen Charakteristika lesen kann. Über diese Fähigkeit verfügen erfahrene sozialpädagogische Fachkräfte häufig, wenn sie sich dieses auch oft nicht bewusst machen. Doch Einschätzungen von Familienhelferinnen, wie „Typisch für meine Familien ist, dass diese immer ..." oder von Stadtteilmoderatoren über bestimmte „typische Rituale, die unsere Bewohner häufig bei ... zeigen", weisen darauf hin.

Unglücklicherweise wird aus solchen Einschätzungen von Einrichtungsleitungen oder politisch Verantwortlichen, aber auch den Fachkräften selbst, häufig gefolgert, das Problem selbst seien nicht die fehlenden Ressourcen und entsprechende Zugangs- und Nutzungsmöglichkeiten, sondern diese Verhaltensweisen selbst, das heißt die Form, wie bestimmte Gesellschaftsmitglieder ihr Leben führen. Das Verheerende an solchen Schlussfolgerungen ist, dass die Soziale Arbeit damit dieselben Argumente anführt wie neue Konservative und neue Liberale in den letzten Jahren, die nach konsequenteren Programmen der Verhaltenserziehung bei Angehörigen unterer sozialer Klassen rufen, die ja vor allem in bestimmten Stadtteilen zu finden seien (*„neue Unterschicht"*). Es müsse endlich erkannt werden, dass nicht die materielle, sondern die sozio-kulturelle Armut das Entscheidende sei, so deren zentrales Argument. Eines der bekanntesten Beispiele ist die Stellungnahme des wissenschaftlichen Leiters vom deutschen Institut für Urbanistik, also der zentralen wissenschaftlichen Begleitungsinstanz im Rahmen des Bundesprogramms „Soziale Stadt", in einem bundesdeutschen Nachrichtenmagazin im November 2002. In Bezug auf diese „Problemgebiete" und eine dort angeblich vorfindbare „Kultur der Abhängigkeit", die der Sozialstaat geschaffen habe, wird dieser mit den Worten zitiert: „Dort leben manche Leute schon in der dritten Generation von Sozialhilfe – da herrscht Sozialhilfeadel – die wissen gar nicht mehr, wie das ist, morgens aufstehen, sich rasieren, vernünftig anziehen und zur Arbeit fahren. Die kassieren ihr Geld vom Staat, machen nebenbei noch ein bisschen Schwarzarbeit, wenn sie nicht sogar kriminell werden. Wenn wir etwas bewegen wollen, müssen wir diese Leute aus ihrer Lethargie wecken, ihnen klar machen, dass sie für sich, ihre Stadt und ihr Viertel selbst verantwortlich sind".

Das Raumbild des aufgewerteten/abgekoppelten Raumes liegt innerhalb der sozialpädagogischen Sozialraumorientierung insbesondere dem Quartier(s)management zugrunde. Mit den damit intendierten sozialraumorientierten Ansätzen/Vorgehensweisen wird in der Regel eine Strategie der nahräumlichen Aufwertung verfolgt.

Originaltext aus:
Leitfaden zur Ausgestaltung der Gemeinschaftsinitiative „Soziale Stadt" (Zweite Fassung vom 01.03.2000)

„Die Gemeinschaftsinitiative ‚Soziale Stadt' gilt Stadt- und Ortsteilen, die infolge sozialräumlicher Segregation davon bedroht sind, ins soziale Abseits abzurutschen. Es handelt sich dabei meistens um hochverdichtete, einwohnerstarke Stadtteile in städtischen Räumen, die im Hinblick auf ihre Sozialstruktur, den baulichen Bestand, das Arbeitsplatzangebot, das Ausbildungsniveau, die Ausstattung mit sozialer und stadtteilkultureller Infrastruktur, sowie die Qualität der Wohnungen, des Wohnumfelds und der Umwelt erhebliche Defizite aufweisen."

(Quelle: http://www.sozialestadt.de/veroeffentlichungen/arbeitspapiere/band3/3_argebau.shtml; Stand 9.10.2006)

Zusammenfassung

In „post-wohlfahrtsstaatlichen Städten und Gemeinden" verstärken sich potenziell die Tendenzen zur sozialen Polarisierung verschiedener Bevölkerungsgruppen. Grund dafür sind ungleiche Nutzungs- und Aneignungsmöglichkeiten von Orten und sehr beschränkte Verfügungsmöglichkeiten über soziale, ökonomische und kulturelle Ressourcen für manche Bevölkerungsgruppen – und damit verbundene eingeschränkte Möglichkeiten der (Definitions-)Macht über die Gestaltung der Räume. Diese soziale Polarisierung darf aber nicht verwechselt werden mit einer Polarisierung aufgrund bestimmter örtlicher Grenzen. Nicht das Quartier ist der Grund für soziale Polarisierungen, sondern die höchst ungleich verteilten Verfügungs- und Zugangsmöglichkeiten.

Innerhalb von Städten und Gemeinden, aber auch zwischen den einzelnen Regionen und Städten ist zu beobachten, dass Prozesse ökonomischer Stagnation und sozialer Marginalisierung an manchen Stellen sehr viel deutlicher hervortreten als an anderen Orten. Am Beispiel von bundesrepublikanischen Großstädten hat dies in jüngster Zeit die Hannoveraner Forschungsgruppe AGIS gezeigt. Sie unterscheidet dabei drei großstädtische Entwicklungspfade: prosperierende Städte, Städte mit einer durchschnittlichen Entwicklung und Städte mit einem prekären Strukturwandel und einem Schrumpfungsprozess. Die Städte der jeweils nächsthöheren Kategorie verfügen über mindestens doppelt so viel Bruttoinlandprodukt pro Einwohner/in und über jeweils mindestens doppelt so viel an Steuereinnahmen pro Kopf.

 Literatur zur Vertiefung:

Zeitdiagnose „räumliche Segregation":
Dangschat, Jens: Wohnquartiere als Ausgangspunkt sozialer Integrationsprozesse. In: Kessl, Fabian/Otto, Hans-Uwe (Hrsg.): Territorialisierung des Sozialen. Regieren über soziale Nahräume. Opladen/Farmington Hills 2007.
Häußermann, Hartmut: Die Krise der „sozialen Stadt". In: Aus Politik und Zeitgeschichte, B 10–11, 2000, S. 13–21.

Aufwertung als Strategie
Becker, Heidede/Franke, Thomas/Löhr, Rolf-Peter/Rösner, Verena: Drei Jahre Programm Soziale Stadt – eine ermutigende Zwischenbilanz. In: Deutsches Institut für Urbanistik (Hrsg.): Die Soziale Stadt. Eine erste Bilanz des Bund-Länder-Programms „Stadtteile mit besonderem Entwicklungsbedarf – die soziale Stadt". Berlin 2002, S. 12–51.

Becker, Heidede/Franke, Thomas/Löhr, Rolf-Peter/Schuleri-Hartje, Ulla-Kristina: Das Programm Soziale Stadt. Von der traditionellen Stadterneuerung zur integrativen Stadtteilentwicklung. In: Deutsches Institut für Urbanistik (Hrsg.): Strategien für die Soziale Stadt. Erfahrungen und Perspektiven – Umsetzung des Bund-Länder-Programms „Stadtteile mit besonderem Entwicklungsbedarf – die soziale Stadt". Berlin 2003, S. 8–29.

Krummacher, Michael/Kulbach, Roderich/Waltz, Viktoria/Wohlfahrt, Norbert: Soziale Stadt – Sozialraumentwicklung – Quartiersmanagement. Herausforderungen für Politik, Raumplanung und soziale Arbeit. Opladen 2003.

Schnur, Olaf: Lokales Sozialkapital für die „Soziale Stadt". Politische Geographien sozialer Quartiersentwicklungen am Beispiel Berlin-Moabit. Opladen 2003.

Kritische Perspektive
Landhäußer, Sandra/Otto, Hans-Uwe/Ziegler, Holger: Informelles Lernen in benachteiligten Stadtteilen. In: Dokumentation des Fachforums: „Orte der Bildung im Stadtteil" am 16. und 17. Juni 2005. (Quelle: http://www.eundc.de/download/ff_orte_bildung.pdf; Stand: 16.10.2006)

Raumbild 3: Der (De)Regulierte Raum

Die beschriebenen Entwicklungen sind Teil der Transformation des bisherigen „national-wohlfahrtsstaatlichen" Arrangements in ein post-wohlfahrtsstaatliches. Die bisherigen nationalstaatlichen Mechanismen sozialer Integration werden um- und abgebaut. Eine zentrale Strategie dieses Transformationsprozesses zielt darauf, das wurde bereits deutlich, bisherige Unterstützungs- und Versorgungssysteme, die den nationalstaatlichen Raum umfasst haben, in kleinräumige Inklusionsräume zu überführen. Diese kleinräumigen Inklusionsräume (*Nahräume*) sollen den bisherigen national-wohlfahrtsstaatlichen Integrationsraum ersetzen. Sozialer Arbeit wird dabei die Aufgabe zugewiesen, jene kleinräumigen Netzwerke zu aktivieren und zu fördern, in denen kleingemeinschaftliche Verantwortungs- und Solidaritätsstrukturen installiert werden sollen. Vor allem auf zwei Gemeinschaftsformen wird dabei abgezielt: auf nachbarschaftliche und familiale Zusammenhänge.

Originaltext aus:
Florian Straus: Soziale Netzwerke und Sozialraumorientierung. Gemeindepsychologische Anmerkungen zur Sozialraumdebatte, München 2004. (Quelle: http://www.ipp-muenchen.de/texte/ap_1.pdf; Stand 9.10.2006)

„Vielmehr soll das kooperative Verhalten gewinnbringend sowohl für den Einzelnen als auch für das Gemeinwesen genutzt werden. Es geht darum, eine positive Grundstimmung zu schaffen nach dem Motto: ‚Mir ist es nicht egal, was aus diesem Stadtteil wird. Ich bleibe hier und tue etwas!' (Wagner 1995, S. 15). Selbsthilfe und Eigenverantwortung sowie nachbarschaftliche Kontakte und Netzwerke sollen gestärkt werden; damit soll der zunehmenden Abkopplung der Bewohnerinnen und Bewohner von gesellschaftlichen Institutionen wie Familie, Freundeskreis, Verein und Initiative entgegengewirkt werden. Es gilt, das Neben- und Gegeneinander von Bevölkerungsgruppen durch ein Miteinander zu ersetzen."

(Straus 2004. S. 10)

Die Verschränkung von Nationalstaat und Wohlfahrtsstaat über die territoriale Einheit – das heißt die soziale Absicherung des Einzelnen über die Zugehörigkeit zu einer (national)staatlichen Gemeinschaft – scheint dagegen immer weniger gewollt. Die Verantwortung für ihre Lebensgestaltung wird den einzelnen Gesellschaftsmitgliedern deshalb zunehmend in ihrem persönlichen und nachbarschaftlichen Umfeld zugewiesen.

Um diese nachbarschaftliche und bürgerschaftliche Lebensgestaltungsverantwortung zu lokalisieren, wird der soziale Raum neu vermessen: Innerhalb des bisherigen nationalstaatlichen Raumes des Wohlfahrtsstaats werden insbesondere „besonders benachteiligte Stadtteile" identifiziert und markiert (in Kapitel 2). Politische und pädagogische Maßnahmen zur Aktivierung sollen damit ganz gezielt auf bestimmte Gruppen ausgerichtet werden (*Passgenauigkeit*): Gruppen, die ihrer Lebensgestaltungsverantwortung ungenügend oder nicht ausreichend nachkämen.

> Originaltext aus:
> *Nikolas Rose: Tod des Sozialen. In: Ulrich Bröckling, Susanne Krasmann und Thomas Lemke (Hrsg.): Gouvernementalität der Gegenwart. Studien zur Ökonomisierung des Sozialen. Frankfurt/Main 2000, S. 72–109.*
>
> „In seiner Gemeinschaft ist der Einzelne nunmehr gleichermaßen eigenverantwortlich und auf emotionale Bindungen verwiesen, die sich auf ein umgrenztes ‚Netz' aus anderen Individuen erstrecken, welche durch Familienbande, lokale Verankerungen oder das Engagement für Umwelt oder Tierschutz miteinander verbunden sind. Das Verhalten des Individuums wird von der Ordnung gesellschaftlicher Determination abgelöst und in einen neuen ethischen Rahmen gestellt, in welchem der Einzelne als autonomer Akteur auftritt, der jeweils einzigartige, lokale und spezifische Bindungen an seine Familie und eine besondere Überzeugungs- und Wertegemeinschaft hat."
>
> (Rose 2000, S. 84)

Diese neue *Sozialkartografie*, das heißt die Neuvermessung des sozialen Raums, geschieht entweder entlang bereits bestehender administrativer Grenzen (Stadtteil- und Quartiergrenzen) oder auf Basis von quantitativen und/oder qualitativen Sozialraumanalysen. Sozialraumanalysen dienen dazu, einzelne Sozialräume, das heißt Teilräume von Städten oder Gemeinden, entlang empirischer Daten identifizierbar zu machen. Der Anspruch sozialraumanalytischer Vorgehensweisen ist also, die sozialkartografische Erfassung des sozialen Raumes auf ein systematisches Fundament zu stellen. Auf Basis der damit erreichten sozialräumlichen Markierungen („benachteilige Stadtteile", „gefährliche Straßenzüge", „zu aktivierende Bevölkerungsgruppe") werden sozialraumorientierte Maßnahmen errichtet – beispielsweise die Lebensgestaltungsverantwortung der Wohnbevölkerung eines als besonders benachteiligt markierten Stadtteils gezielt zu mobilisieren versucht.

Ein zentrales Instrument der sozialkartografischen Vermessungs- und Markierungsprojekte ist die Entwicklung so genannter kommunaler Sozial- und Kriminalitätsatlanten. In diesen Abbildungen des kommunalen Raumes wird die sozialkartografische Erfassung sozialer Zusammenhänge symbolisiert und entsprechende Präventions- und Interventionspotenziale verortet. Sozialkartografische Vorgehen erweisen sich damit als ein weiterer Baustein der skizzierten neuen Strategien zur Re-Homogenisierung des Sozialen: Die Identifizierung von „besonders benachteiligten" Arealen – und damit im Umkehrschluss immer auch die Nicht-Markierung von anderen Wohnarealen als wenig oder nicht benachteiligt – verspricht wohlfahrtsstaatlichen Instanzen, wie der Sozialen Arbeit, neue Handlungssicherheit. Das Interventionsfeld für die Aktivierung kleinräumiger Inklusionseinheiten scheint wieder eindeutig identifizierbar zu sein.

Die Bevölkerungsmitglieder der sozialkartografisch erfassten Gebiete werden als Teil einer (Stadtteil- oder Nachbarschafts-)Gemeinschaft betrachtet, die sie – gerade im Fall der so genannten besonders benachteiligten Stadtteile – in vielen Fällen allerdings nur unfreiwillig gewählt haben, nämlich vor allem aufgrund der niedrigen Mietpreise. Das zeigen die hohen Fluktuationsraten in diesen Stadtteilen und Quartieren und der insbesondere von den vergleichsweise besser gestellten Bewohnerinnen und Bewohnern häufig geäußerte Wunsch, möglichst bald aus dieser Nachbarschaft wegziehen zu wollen.

Diese Neuvermessung des sozialen Raums und die damit verbundenen (raumbezogenen) Neujustierungen sozialpolitischer und sozialpädagogischer Maßnahmen verweisen somit auf einen weiteren grundlegenden Aspekt der Transformation des bisherigen wohlfahrtsstaatlichen Arrangements: Man kann, wie der Sozialwissenschaftler Nikolas Rose, davon sprechen, dass das Soziale *territorialisiert* wird. Dieser Prozess der *Territorialisierung des Sozialen* beschreibt also die sozialkartografische Erfassung des sozialen Raumes und eine daran ausgerichtete Umstellung bisheriger wohlfahrtsstaatlicher Interventionsstrategien: Die bisher am nationalstaatlichen Raum ausgerichteten Maßnahmen Sozialer Arbeit – aber auch der Schule, des Gesundheitssystems oder der Polizei – werden inzwischen zunehmend an kleinräumigen Territorien und den dort lebenden Bevölkerungsgruppen auszurichten versucht. Die Normalitätsvorstellungen im wohlfahrtsstaatlichen Zusammenhang sind universalisierte Vorstellungen, die mindestens für ein nationalstaatliches Territorium gelten – symbolisiert an den skizzierten geschlechtsspezifischen Modellen des männlichen „Familienernährers" und der weiblichen „Familienmutter". In post-wohlfahrtsstaatlichen Zusammenhängen differenzieren und individualisieren sich diese Modelle, das heißt sie verlieren zunehmend ihren universellen Anspruch. Andere Lebensformen sind potenziell möglich, wenn auch nicht für alle Bevölkerungsgruppen in der gleichen Weise, wie beispielsweise die unterschiedliche Anerkennung der vom bürgerlichen Familienmodell abweichenden Lebensweisen zeigt: Während diese in großstädtischen Akademiker-Milieus teilweise eine weitgehende Anerkennung erfahren, werden ihnen in traditionell-konservativen Milieus, wie sie in großen Teilen des Mittelstandes zu finden sind, noch immer mindestens skeptische Reaktionen entgegengebracht.

Entscheidend für die raumbezogenen Neujstierungsversuche von Sozialpolitik und Sozialer Arbeit in diesem Prozess einer Territorialisierung des Sozialen ist die veränderte Regulierung. Während die nationalstaatliche Ausrichtung zunehmend dereguliert wird, findet parallel zur dargestellten Transnationalisierung eine Neuregulierung auf lokalem und regionalem Niveau statt. Die sozialraumorientierte Neujustierung Sozialer Arbeit erweist sich damit als

Ausdruck dieser Re-Regulierung des Sozialen: Die nationalstaatliche Ausrichtung wird zunehmend durch eine lokalstaatliche ergänzt und teilweise auch ersetzt. Das heißt, die staatsbürgerliche Zugehörigkeit spielt in Sachen sozialer Dienstleistungsangebote und deren Nutzung eine immer geringere Rolle, vielmehr wird die Zugehörigkeit zu lokalen und regionalen Gemeinschaften entscheidender. Ein markantes Beispiel dafür sind die deutlichen bundeslandspezifischen Unterschiede in Bezug auf sozialpädagogische Angebotsstrukturen – beispielsweise im Bereich ambulanter Erziehungshilfen oder der Ganztagsschulen.

Das (de)regulierte Raumbild findet sich innerhalb der sozialpädagogischen Sozialraumorientierung vor allem als Basis neuer Vergemeinschaftungsstrategien. Dementsprechende Programme der Aktivierung näräumlicher Netzwerke, der Generierung sozialen Kapitals und nachbarschaftlicher Unterstützungsstrukturen finden ihre Anknüpfungspunkte in verschiedenen Arbeitsfeldern, nicht zuletzt im Bereich der Gemeindepsychiatrie. Solche Vorgehensweisen stehen damit in der Gefahr, die Strategie der Territorialisierung des Sozialen zu reproduzieren.

Symptomatische Inszenierung der zunehmenden Territorialisierung des Sozialen

Am 11. Mai 2005 titelt die Münchner tz „Wo Münchens Sorgen wohnen. Schon 50.000 können die Miete nicht mehr zahlen." Die Verortung dieser „Münchner Sorgen" liefert die tz auch gleich mit: In Form einer nach Stadtteilen gegliederten Karte der bayerischen Metropole, deren Farbgebung analog zu Verkehrsampeln den Grund der Sorgen darstellen soll: Grün sind hier neben einzelnen „angesagten" Innenstadtbezirken fast alle Außenbezirke markiert. Je nach Farbintensität soll dem Leser damit deutlich gemacht werden, dass an diesen Stellen die sorgenfreien Wohnareale zu finden sind: „Hier zahlen die Mieter am bravsten" (dunkelgrün), „Auch hier gibt's wenig Klagen" (grün) und „Noch gute Zahlungsmoral" (hellgrün). Gelb sind die primär südlicher an die Innenstadt angrenzenden Bezirke eingefärbt, was diese als „Durchschnitt" ausweisen soll. Rot sind schließlich die „problematischen" Gebiete – vor allem im Innenstadtbereich und am nordöstlichen und (süd)östlichen Rand Münchens – markiert, die je nach Farbabstufung als ein „Kritisches Viertel" (hellrot) beschrieben werden, „viele säumige Mieter" aufwiesen (rot) bzw. eine besonders hohe Zahl an Mietschulden beherbergten („Hier sind die Mietschulden am höchsten", dunkelrot).

Zusammenfassung

Das post-wohlfahrtsstaatliche Arrangement führt einerseits zu einer Deregulierung der bisherigen sozialen Zusammenhänge: Der bisherige wohlfahrtsstaatliche Rahmen verliert an Bedeutung. Zugleich wird zur veränderten politischen Steuerung im post-wohlfahrtsstaatlichen Arrangement eine neue Form der Regulierung in Form einer Territorialisierung des Sozialen vorgenommen: Die bisherigen nationalstaatlichen Räume werden auf Basis sozialkartografischer Neu-Vermessungen in kleinräumige Einheiten aufgeteilt und die raumbezogenen Maßnahmen der Sozialpolitik und der Sozialen Arbeit auf die damit markierten Bevölkerungsgruppen und Wohnareale ausgerichtet.

 Literatur zur Vertiefung:

Zeitdiagnose
Rose, Nikolas: Tod des Sozialen. In: Bröckling, Ulrich/Krasmann, Susanne/ Lemke, Thomas (Hrsg.): Gouvernementalität der Gegenwart. Studien zur Ökonomisierung des Sozialen. Frankfurt/Main 2000, S. 72–109.
Kessl, Fabian/Krasmann, Susanne: Sozialpolitische Programmierungen. In: Kessl, Fabian/Reutlinger, Christian/Maurer, Susanne/Frey, Oliver (Hrsg.): Handbuch Sozialraum. Wiesbaden 2005. S. 227–246.

Kritische Perspektive
Röttger, Bernd/Wissen, Markus: (Re)Regulation des Lokalen. In: Kessl, Fabian/ Reutlinger, Christian/Maurer, Susanne/Frey, Oliver (Hrsg.): Handbuch Sozialraum. Wiesbaden 2005, S. 207–226.

Raumbild 4. Der Riskante/Sichernde Raum

Die entstehenden post-wohlfahrtsstaatlichen Zusammenhänge sind zunehmend dadurch gekennzeichnet, dass eine Kultur der Kontrolle die bisherige Kultur des Sozialen ablöst – manche, wie der Philosoph Gilles Deleuze, sprechen sogar von dem Entstehen einer „Kontrollgesellschaft". Die Kultur des Sozialen als prägende Kultur des Wohlfahrtsstaats ist dadurch geprägt, dass das Verhalten des Einzelnen am Bevölkerungsdurchschnitt gemessen wird. Weicht der Einzelne davon ab, muss er zur Verhaltensveränderung aufgefordert werden – durch Hilfe *und* Kontrolle. Das setzt ihn unter Normalisierungsdruck, garantiert ihm aber zugleich einen gewissen Grad öffentlicher Unterstützung in menschlichen Notlagen (*soziale Rechte*). Demgegenüber teilt sich die post-wohlfahrtsstaatliche Aktivität zunehmend in zwei voneinander weitgehend getrennte Bereiche auf. Der Kriminologe David Garland unterscheidet zwischen adaptiven Strategien und Strategien des souveränen Staats. Mit ersteren versuchen staatliche Instanzen, möglichst umfangreiche Kooperationen mit zivilgesellschaftlichen und privatwirtschaftlichen Akteuren einzugehen, um bisherige öffentliche Aufgaben auszulagern. Diese Strategie der Implementierung privat-öffentlicher Kooperationen (*Private-Public-Partnerships*) wird aber zum anderen, so Garland, von „Strategien des souveränen Staates" begleitet, der sehr viel deutlicher Zwang gegenüber (potenziellen) Straftätern ausübt (*punitiver Staat*) als dies im wohlfahrtsstaatlichen Kontext feststellbar ist. Ein deutliches Symbol dafür sind die immens angestiegenen polizeilichen Anzeigezahlen in fast allen OECD-Staaten und die in vielen Ländern fast explosionsartig angewachsenen Inhaftierungszahlen – vor allem in spezifischen Bevölkerungsgruppen, wie der Sozialwissenschaftler Loic Wacquant in internationalen Vergleichen sehr eindrücklich zeigt: In den Niederlanden hat sich die Zahl der Inhaftierten in den letzten zwanzig Jahren vervierfacht. Am wahrscheinlichsten ist eine Verhaftung hier, wenn der Verdächtige aus Surinam oder Marokko stammt. In Frankreich waren Ende des 20. Jahrhunderts knapp 30 % der Inhaftierten Ausländer, obwohl diese nur etwa 6 % der Bevölkerung ausmachen. Im bundesdeutschen Zusammenhang differenziert sich die Entwicklung zwar bundeslandabhängig, dennoch zeigt sich ein ähnliches Phänomen: In Nordrhein-Westfalen ist beispielsweise die Wahrscheinlichkeit einer Verhaftung für Marokkaner achtmal und für Türken etwa viermal so hoch wie für Deutsche.

Im Feld Sozialer Arbeit zeigt sich diese neue Punitivität vor allem am Beispiel der Wiedereinführungsversuche geschlossener Unterbringungsmöglichkeiten für Jugendliche und einer verstärkten Zusammenarbeit von Sozialer Arbeit und Polizei, unter anderem im Rahmen so genannter Kriminalpräventiver Räte auf kommunaler Ebene.

Zielen wohlfahrtsstaatliche Maßnahmen auf die (Re)Integration der einzelnen Gesellschaftsmitglieder, so fokussieren post-wohlfahrtsstaatliche Strategien zunehmend das (potenzielle) Verhalten Einzelner. Reintegration ist das primäre Ziel der Sozialen Arbeit im wohlfahrtsstaatlichen, Behandlung, Tatvermeidung und Bestrafung sind die Ziele im post-wohlfahrtsstaatlichen Zusammenhang.

Dementsprechend erfahren kriminal-präventive Strategien zu Ungunsten von sozialpolitischen Reintegrations- und Rehabilitationsprogrammen eine deutliche Konjunktur. Einen besonderen Ausdruck finden diese verstärkten kriminalpräventiven Anstrengungen in der Installierung und dem Ausbau räumlicher Kontrollmaßnahmen, symbolisiert in der verstärkten Installation von Überwachungskameras im öffentlichen Raum: Zwar werden erste Kameras bereits Ende der 1950er Jahre – beispielsweise in München – aufgestellt, zentrales kriminalpolitisches Element wird die Videoüberwachung öffentlicher Orte in der Bundesrepublik Deutschland, aber auch in der Schweiz und in Österreich, allerdings erst seit der zweiten Hälfte der 1990er Jahre. Der Datenschutzverein Foebud schätzt die Zahl der Überwachungskameras im Herbst 2006 in der Bundesrepublik Deutschland auf 400 000. Nach anfänglich teilweise vehementen Protesten gegen die erste Installierung von Überwachungskameras in öffentlichen Räumen in den 1990er Jahren geschieht der Ausbau der Videoüberwachung mit Verweis auf die allgemeine Terrorismusgefahr nach den Anschlägen auf das World Trade Center in New York am 11. September 2001 und für den bundesdeutschen Zusammenhang erneut nach den mutmaßlich geplanten Bombenanschlägen auf zwei Regionalzüge in Dortmund und Koblenz Ende Juli 2006 inzwischen weitgehend unkommentiert. Allerdings fällt auf, dass vor allem symbolische Ereignisse, wie die Fußballweltmeisterschaft 2006, dazu genutzt werden, den Ausbau in kurzer Zeit massiv voranzutreiben.

Neben dieser instrumentellen Raumkontrolle ist im gleichen Zeitraum eine Verstärkung der polizeilichen Kontrollen und der damit verbundenen Aufenthaltsverbote zu beobachten: In den vergangenen zehn Jahren wurden Aufenthaltsverbote in die meisten Polizeigesetze der Bundesländer eingefügt, wie Bernd Belina in seiner Studie zur räumlichen Kontrolle zeigt. Aus präventiven Gründen kann demnach Einzelpersonen für einen bestimmten Zeitraum der Aufenthalt an bestimmten Orten verboten werden, zum Beispiel drogenkonsumierenden Personen. Begründet werden diese Verbote, so Belina, mit dem Hinweis auf die räumliche Konzentration dieser Personen, die dadurch eine Gefahr für die anderen Bürger darzustellen scheinen: Unbeteiligte könnten in den Sog der Drogenszene geraten, so die Unterstellung, ja ganze Quartiere könnten sich durch die Anwesenheit einer „offenen Drogenszene" verändern. In den Fokus solcher kriminalpolitischen Strategien unter dem Deckmantel der Prävention rückt der Einzelne also als „Tatverdächtiger" und nicht mehr als „Desintegrierter". Nicht eine mögliche Suchtkrankheit, sondern der Umgang mit verbotenen Substanzen stellt das primäre Merkmal dar, mit denen diese Personen als „zu Kontrollierende" identifiziert werden. Betroffen ist von Aufenthaltsverboten und verstärkten polizeilichen Kontrollen auch eine ganze Reihe anderer potenzieller Nutzerinnen und Nutzer sozialpädagogischer Angebote: Obdachlose, Prostituierte oder Drogenkonsumenten.

> Originaltext aus:
> Tilman Lutz und Holger Ziegler: *Soziale Arbeit im Post-Wohlfahrtsstaat – Bewahrer oder Totengräber des Rehabilitationsideals.* In: Widersprüche, 25. Jg., Heft 97, S. 123–134.
>
> „Vor dem Hintergrund des von Wacquant als Rückzug aus der Sozialpolitik beschriebenen Umbaus des Sozialstaats zum so genannten ‚aktivierenden Staat' finden sich (...) deutliche Veränderungen: Bei der Konstruktion des ‚devianten Subjekts' und den Strategien seiner Korrektur stehen nicht mehr seine soziale Einbindung oder die Integrationspotenziale seiner Lebensführung im Vordergrund, sondern das unmittelbare Tatverhalten und dessen Vermeidung. Die wohlfahrtsstaatlich inspirierte ‚normierende Normalisierung andersartiger' Akteure wird abgelöst durch Behandlungs- und Therapieprogramme, die auf ‚die Verhaltenskontrolle, nicht aber die Heilung der abnormen Persönlichkeit des Täters' (Schneider 2001, S. 379) zielen."
>
> (Lutz und Ziegler 2005, S. 127f.)

Die räumliche Manifestation der neuen Kultur der Kontrolle verteilt sich im städtischen Raum keineswegs gleich. Einerseits werden Videoüberwachungen vor allem dort vorgenommen, wo eine potenzielle Gefahr für die Mehrheitsgesellschaft diagnostiziert wird (zum Beispiel an Treffpunkten einer „offenen Drogenszene") oder schlicht Störungen verhindert werden sollen (zum Beispiel durch den Aufenthalt von obdachlosen Personen in Bahnhöfen oder U-Bahn-Stationen). Ein Beispiel dafür war der Versuch der Deutschen Bahn AG, die Angebote der Bahnhofsmission aus den bundesdeutschen Bahnhöfen zu verdrängen – mit dem Argument, der dortige Aufenthalt von Besuchern der Bahnhofsmission sei mit dem Interesse der Bahnkunden nicht kompatibel. Andererseits sind politische Strategien zu beobachten, die darauf abzielen, einzelne Stadtteile, Straßenzüge, Einkaufspassagen, Fußgängerzonen, Fußballstadien, Einkaufszentren oder Bahnhöfe als sichere Räume zu präsentieren, indem über die Installation von Videoüberwachungen hinaus direkt gegen ungewollte Nutzerinnen und Besucher vorgegangen wird. So werden beispielsweise bestimmte Kleiderordnungen in manchen großstädtischen „Shopping-Malls" in der Hausordnung festgeschrieben, entsprechende Abweichler nicht akzeptiert und daher gleich am Eingang von den Mitarbeitern privater Sicherheitsdienste zurückgewiesen. Jan Wehrheim weist in seiner Studie zur *überwachten Stadt* auf einen – verheerenden – paradoxen Effekt dieser inszenierten Sicherheitsräume hin: Die Erhöhung des Sicherheitsgefühls, die solche Kontrollmaßnahmen erzeugen können, führen nach seinen Beobachtungen dazu, dass die nicht überwachten Räume noch stärker als bisher zu „Angsträumen" werden. Es entsteht dadurch, so kann man diese Entwicklung zusammenfassen, ein Teufelskreis der Kriminalprävention: Eine immer größere Zahl von Orten und Plätzen scheint kontrolliert werden zu müssen, um der Kriminalitätsfurcht der Bevölkerung angemessen zu begegnen.

Originaltext aus:
Jan Wehrheim: Die überwachte Stadt. Opladen 2002.

„Dadurch, dass Sicherheit residentielle Segregation überhöht und dadurch, dass sich zusätzlich innerhalb der funktionalen Segregation resp. innerhalb konkreter Orte verschärfte Trennungsprozesse von Klassen, Gruppen, Inkludierten und Exkludierten, Etablierten und Außenseitern zeigen, werden nicht nur primäre soziale Beziehungen für die von Ausgrenzung Bedrohten beeinträchtigt, es reduzieren sich auch (flüchtige) Kontakte, sekundäre soziale Beziehungen zwischen sozial, ethnisch und kulturell verschiedenen Menschen. (...)

Es könnte durch Sicherheitsausrichtung und Ausschluss somit ein paradoxer Effekt eintreten: Mit der Zunahme von Unbekanntem und damit Störendem für diejenigen, die sich über Sicherheit abgrenzen, nimmt die Angst in den Städten eventuell nicht ab, sondern zu!"

(Wehrheim 2002, S. 217 f.)

Der veränderte Bezugspunkt kriminalpolitischer Strategien in (kriminal)präventiven Aktivitäten ist die Scharnierstelle zu Strategien einer sozialraumorientierten Neujustierung Sozialer Arbeit. Es scheint daher kein Zufall zu sein, dass im 11. bundesdeutschen Kinder- und Jugendbericht aus dem Jahr 2002, in dem auf die hohe Relevanz „sozialer Nahräume" für die nachwachsende Generation hingewiesen wird, unter der Überschrift Prävention auch dafür plädiert wird, dass die Delinquenz von Kindern und Jugendlichen endlich wieder als Hinweis auf konsequente pädagogische Reaktionen verstanden werden müsse und nicht mehr als Konsequenz bestimmter „Verhältnisse". Vielmehr müsse die Eigenverantwortung der Akteure wieder deutlich gefordert und befördert werden. Ganz deutlich taucht somit auch im vierten Raumbild die Nahraumorientierung wieder auf: Während der nationale Raum im Fall der Wohlfahrtsstaaten als der Normalisierungsraum dient, zielen die raumbezogenen Präventionsstrategien in post-wohlfahrtsstaatlichen Arrangements auf die Installierung überschaubarer, kleinräumiger Einheiten (*Nahraum*). Das soziale Ordnungssystem des Wohlfahrtsstaats als nationalstaatlicher Raum soll durch sektorale Ordnungssysteme (Nachbarschaften, Quartiere und einzelne Bevölkerungsgruppen) ersetzt werden. In diesen lokalen Nahräumen soll die jeweilige Bevölkerung somit nicht nur für die Stärkung und/oder den Aufbau sozialer Netzwerke sorgen, sondern auch möglichst in diesen Räumen jenseits der städtischen Sicherheitsräume verweilen – zumindest bis die Spielregeln des städtisch-bürgerlichen Lebens wieder mitgespielt werden (können). Hier in diesen eingegrenzten Räumen sollen die Einzelnen das bürgerliche Leben wieder erlernen – nicht zuletzt dadurch, dass sie sich für eine Erhöhung der Sicherheit im eigenen Stadtteil einsetzen, motiviert durch Kriminalitätsfurcht. Differenzen zwischen diesen verschiedenen Nahräumen – wie die extrem ungleichen Mietpreise, sehr ungleiche Anbindungen an den öffentlichen Nahverkehr oder deutlich ungleiche Belastungen durch den Straßenverkehr – werden dagegen immer weniger als ein regulierungsbedürftiges Problem erfasst. Die im dritten Raumbild beschriebenen Territorialisierungsstrategien kommen im vierten Raumbild also zusammen mit einer Strategie der Verantwortungszuschreibung und -zuweisung (*Responsibilisierung*) an die Akteure.

Originaltext aus:
Christian Pfeiffer: Podiumsdiskussion. Zusammenhalt, Sicherheit, Zukunft – Chancen für einen gesellschaftlichen Wandel.

„Es ist richtig, Sicherheit ist eine Geldfrage geworden. Wenn wir fragen, wer sind denn die Opfer? auch das haben wir systematisch untersucht, dann ist das Risiko von Menschen, die in sozialen Randlagen unserer Städte wohnen, am höchsten, Opfer irgendwelcher Straftaten zu werden, die wirklich weh tun, also von Körperverletzungsdelikten, Raub, Einbruch. Die wohlhabenden Menschen haben absolut einbruchsichere Häuser und Fenster, brauchen wenig Angst zu haben, denn in ihren Gebieten passiert auch wenig. (...) Ich empfinde es als einen wirklichen Fortschritt in Deutschland, was sich über die so genannten kommunalen Präventionsräte in den letzten zehn Jahren auf kommunaler Ebene getan hat, zum Beispiel Runde Tische, zu denen man alle einlädt, die sich in irgendeiner Weise beteiligen wollen. (...)

Wir brauchen dort, wo Randgruppen sich bündeln, ein ganz anderes Engagement der Sportvereine, und dazu müssen diese gestärkt werden. Wir brauchen dort wirklich Ganztagsschulen, weil die Eltern nachmittags oft nicht zu Hause sind und sich nicht kümmern können; dort brauchen wir auch eine Bündelung von ehrenamtlichen Engagements, sonst wird die Teilung in Sachen Sicherheit in der Tat immer stärker, hier die Fluchtburgen der reichen Bürger, die von privaten Sicherheitsdiensten bewacht werden, dort die Unsicherheitszonen, wie es sie früher in New York gegeben hat, wo man mir sagte: Da musst du dann aber aus der U-Bahn aussteigen, darüber hinaus darfst du nicht, das ist ganz gefährlich. Das hat sich heute verändert. Aber wir könnten in diese Richtung rutschen und müssen dafür, dass es nicht geschieht, etwas tun."

(Quelle: http://www.sozialestadt.de/veroeffentlichungen/arbei tspapiere/band8/pdf/ 2_podium_bastgen.pdf; Stand 15.11.2006)

Innerhalb der sozialpädagogischen Sozialraumorientierung basiert vor allem deren präventive Ausrichtung auf dem Raumbild des riskanten/sichernden Raumes. Die entsprechenden sozialräumlichen Maßnahmen versuchen häufig in Kooperation mit einer so genannten bürgernahen Polizei, Strategien der Responsibilisierung im Sinne nachbarschaftlicher Kontrolle zu aktivieren.

Zusammenfassung

Die entstehenden post-wohlfahrtsstaatlichen Strategien zielen in wachsendem Maße auf die Behandlung, Tatvermeidung und Bestrafung des Verhaltens einzelner Personen und weniger auf deren Rehabilitation. Die verschärften Kontrollstrategien manifestieren sich räumlich in unterschiedlicher Weise: Neben der Verstärkung räumlicher Überwachungsstrategien zeigt sich an vielen Stellen eine Konjunktur kriminalpräventiver Programme. Mit diesen setzt eine „bürgernahe Polizei" in Kooperation mit anderen städtischen Akteuren, nicht zuletzt der Sozialen Arbeit, auf eine Aktivierung kleinräumiger Kontrollformen.

 Literatur zur Vertiefung:

Zeitdiagnose
Garland, David: The Culture of Control, Oxford (Oxford University Press) 2001.

Aktivierung von Verantwortung (Responsibilisierung) als Strategie
Götz, Alfred: Kriminalprävention – Herausforderung für eine bürgerorientierte Polizei. In: Die Kriminalprävention, Heft 3, 1990, S. 90ff.

Kritische Perspektive
Belina, Bernd: Raum, Überwachung, Kontrolle. Vom staatlichen Zugriff auf städtische Bevölkerung. Münster 2006.
Lindenberg, Michael/Ziegler, Holger: Prävention. In: Kessl, Fabian/Reutlinger, Christian/Maurer, Susanne/Frey, Oliver (Hrsg.): Handbuch Sozialraum. Wiesbaden 2006, S. 611–628.

Die vier rekonstruierten Raumbilder *des global-lokalen, des aufgewertet-abgekoppelten, des (de)regulierten* und des *riskanten/sichernden Raumes* bestimmen die Rede vom Raum in der Sozialen Arbeit – wenn auch in unterschiedlicher Verkopplung und Gewichtung. Das heißt, diese vier Raumbilder charakterisieren die Vorstellungen innerhalb der Debatten um eine sozialraumorientierte Neujustierung Sozialer Arbeit, in welcher Weise sich die räumliche Ordnung des Sozialen – der soziale Raum im Sinne Bourdieus – seit einigen Jahren verändert (hat).

Das Gemeinsame dieser vier Vorstellungen besteht darin, dass davon ausgegangen wird, dass die aktuellen Veränderungsprozesse zu einer grundlegenden Neuformierung der bisherigen (National)Staatlichkeit führen. Der bisherige wohlfahrtsstaatliche Rahmen bricht an einigen Stellen weg, an anderen wird er durch neue Rahmungen ersetzt und an wieder anderen Stellen wird inzwischen ganz ohne diesen Rahmen gearbeitet. Damit verbunden entsteht ein Gefühl der Unsicherheit und der Orientierungslosigkeit. Obwohl keineswegs von einer Auflösung (national)staatlicher Regulierung und wohlfahrtsstaatlicher Interventionen per se gesprochen werden kann, löst deren grundlegende Neuformierung Irritationen aus: Wie soll Soziale Arbeit angesichts dieser Neuordnung des Räumlichen vorgehen? An welchem räumlichen Rahmen können sich Politik, Organisationen und Fachkräfte orientieren, wenn der bisherige nationalstaatliche Rahmen brüchig wird?

Der Erfolg der sozialraumorientierten Neujustierung in den letzten Jahren basiert vor allem auf der Tatsache, dass mit einem solchen Vorgehen eine neue Form der Homogenisierung und damit neue Handlungssicherheit vermittelt wird. Die gegenwärtige Thematisierung neuer Raumordnungen bzw. die Rede vom Raum als Suche neuer räumlicher Einheiten kann somit primär als Suche nach aktueller und zukünftiger Handlungssicherheit verstanden werden. Das Dilemma einer solchen Vorgehensweise liegt allerdings darin, dass diese neue Handlungssicherheit mit bestimmten homogenisierenden Vorannahmen einhergeht.

Die Vorstellung der vorherrschenden Raumbilder, wie sie in diesem Kapitel unternommen wurde, soll deshalb mit einer Problematisierung dieser Homogenisierung abgeschlossen werden.

Zusammenfassende Problematisierung der aktuell dominierenden Vorstellungen zur Neuordnung des Räumlichen (Raumbilder)

1. Räume bestehen nicht aus einem einheitlichen Aggregat von Einzelpersonen und deren Verhaltensweisen, noch ist aus den Verhaltensweisen von Bewohnerinnen und Bewohnern eines Areals eine Identifizierung dieses Gebiets selbst als „benachteiligtes Armutsgebiet", „gefährlicher Straßenzug" oder „besonders erneuerungsbedürftiger Stadtteil" zulässig. Allerdings bilden derartige Diagnosen immer wieder das Nervensystem der aktuellen Programme zu einer sozialraumorientierten Neujustierung Sozialer Arbeit.

2. Stadtteile sind weder als „Orte der Desintegration" noch als „Stätten der Heilung" zu verstehen, wie Jan Duyvendak schreibt. Denn beide Bestimmungen basieren auf der Identifizierung einzelner Quartiere anhand der Ag-

gregierung bestimmter Sozialindikatoren: Als Belege für „Desintegration" werden beispielsweise die Zahl polizeilicher Anzeigen, der Anteil von Bevölkerungsgruppen mit einer anderen als der deutschen Staatsangehörigkeit oder ein Verlust an lokaler Identität angeboten. Für die „heilende" Kraft des Quartiers sprächen dagegen, so die Protagonisten sozialraumorientierter Programme, die Anzahl von Vereinsmitgliedschaften, die Beteiligung an Stadtteilinitiativen oder eben die Reduzierung polizeilicher Anzeigen. Diese räumlichen Zuschreibungen führen nun nicht nur zu einem ökologischen Fehlschluss, sondern präsentieren positive und negative Quartierscharakterisierung als zweieiige Zwillinge: Sozialkartografisch werden bestimmte Quartiere zuerst als „desintegriert" identifiziert – das entsprechende Förderprogramm in Nordrhein-Westfalen sprach Ende der 1990er Jahre von „besonderem Erneuerungsbedarf", das Bundesprogramm Soziale Stadt inzwischen von „besonderem Entwicklungsbedarf" – um dann durch die Mobilisierung brachliegender Ressourcen der Bewohnerinnen und Bewohner in „heilende Stätten" verwandelt zu werden. Manifestations- und Lösungsebene von sozialen Problemen werden somit vermischt – nicht nur eine wenig überzeugende, sondern auch eine verheerende Argumentationsweise, weil damit der „Rest der Gesellschaft" aus der Verantwortung für die Lösung dieser Probleme entlassen wird.

3. Indem ein Stadtteil als Sozialraum definiert wird, können die Menschen darin mit einem mal als „Abgehängte" und „Modernisierungsverlierer" lokalisiert und als solche festgeschrieben werden. Oder mit anderen Worten: In Zeiten der Transformation des Wohlfahrtsstaats sollen „soziale Probleme" nicht mehr wohlfahrtsstaatlich bearbeitet, sondern in die Näheräume hineinverlagert werden. Der so verstandene „Sozialraum" als kleinräumige Einheit wird in dieser Logik als ein Ort zugeschnitten, an dem soziale Probleme auftauchen und an dem sie auch gleich wieder gelöst werden sollen. Diese Verdinglichung des Sozialraums vollzieht sich durch eine Charakterisierung von Stadtteilen als abgeschlossener Container, in dem sich soziale Probleme zu bündeln scheinen, oder nach den Worten des Soziologen Richard Sennett, zu „Mülleimern des Sozialen" gemacht werden. Diese Strategie steht allerdings in der Gefahr, Gesellschaftsmitglieder in physisch-materielle Raumsegmente symbolisch einzuschließen – oder in den Worten von Martin Kronauer und Bernhard Vogel: Aus den Lageeffekten werden kurzerhand Quartierseffekte gemacht. Über diese Verdinglichung des Sozialraums wird somit ein sozialstrukturelles (Querschnitts-)Problem in ein näheräumliches Beziehungs- und Verantwortungsproblem übersetzt und damit von der sichtbaren Oberfläche gedrängt.

4. Nicht eine faktische bauliche und soziale Ausschließung der Bewohner bestimmter Wohnareale stellt die sozialpolitische und sozialpädagogische Herausforderung im Rahmen post-wohlfahrtsstaatlicher Regierungsstrategien dar,

sondern vor allem die sozialmoralische Ausgrenzung bestimmter Bevölkerungsgruppen. Wenn von Wohngebietseffekten gesprochen werden kann, dann auf dieser symbolischen Dimension. Dieser Hinweis bedeutet nun selbstverständlich nicht, dass räumliche Kumulationen von Armutslagen nicht nachweisbar wären. Allerdings stehen räumliche Segregationsdynamiken nicht im kausalen Zusammenhang mit einer Dichte von Armutslagen, das heißt beispielsweise der Anzahl von Sozialgeldbeziehern in der Bundesrepublik Deutschland. Räumliche Segregationsdynamiken sind vielmehr primär von der wirtschaftlichen und demografischen Entwicklung einzelner Kommunen und der ethnischen Zusammensetzung einzelner Bevölkerungsgruppen abhängig. Räumliche Segregation stellt keineswegs eine notwendige Folge von Armut dar, und ein Leben in Armut hat keineswegs notwendigerweise räumliche Segrationserfahrungen zur Konsequenz. Erst die Thematisierung bestimmter Territorien und der dort lebenden Wohnbevölkerung als „desintegriert" und „benachteiligt" fixiert die dort lebenden Menschen mit ihren verschiedenen Lebensgeschichten – in teilweise existenzbedrohender Weise – räumlich. So ist die „Ausstiegschance" aus ihrem Wohnviertel für Bewohner eines Bielefelder Wohnareals mit einem überdurchschnittlichen Anteil von Sozialhilfeempfängern um 37 % niedriger als in den städtischen Quartieren Bielefelds mit einer geringeren Dichte von Sozialhilfeempfängerinnen und -empfängern, wie Andreas Farwick in seiner Studie zeigt. Eine sozialraumorientierte Soziale Arbeit, die möglichst kleinräumig Armutslagen oder die Rate an „Schulschwänzern" identifiziert und daraus die Konsequenz zieht, hier müsse sozialraumorientiert interveniert werden, steht daher in der Gefahr, einen nicht unerheblichen Beitrag zur symbolischen Produktion einer derartigen räumlichen Segregation beizusteuern. Sozialraumorientierte Strategien führen zwar nach Einschätzung von Bewohnern durchaus zu Verbesserungen von Lebensqualität in ihrem Wohnquartier. Das Verheerende ist allerdings, dass die externe Anerkennung dieser Bevölkerungsgruppen nicht nur nicht gesteigert werden kann, sondern im Gegenteil die öffentliche Wahrnehmung einer räumlich konzentrierten Desintegration und Gefährlichkeit durch die gezielte „Bearbeitung" dieser Areale noch einen Dramatisierungsschub erfährt. Es ist durchaus vorstellbar, dass Fachkräfte diesen Befund nicht einfach übergehen, sondern er ihnen aufgrund ihres „Innenblicks" auf einzelne Lebensgeschichten systematisch verborgen bleibt. Denn auch das Bild, das Fachkräfte, die quartiersbezogen arbeiten, von den einzelnen Quartieren beschreiben, scheint positiver als das der Gesamtstadt, wie der Evaluationsbericht der Projektgruppe „Netzwerke im Stadtteil – wissenschaftliche Begleitung E&C" zeigt. Umso notwendiger ist eine systematische Kontextualisierung, um zu verhindern, dass mögliche Erfolge einer Lebensqualitätsverbesserung durch die symbolische Fixierung der Segregation und damit eine Dynamisierung der räumlichen Einschließung bestimmter Bevölkerungsgruppen erkauft werden.

Fabian Kessl und Christian Reutlinger

5 Reflexive räumliche Haltung

Stadtteilfest als sozialraumorientierte Aktivität Sozialer Arbeit – ein fiktives Beispiel

Ein lauer Spätsommerabend in einer bundesdeutschen Großstadt. Bewohner eines als benachteiligt ausgewiesenen Stadtteils feiern ihr Stadtteilfest: Vor dem zentral gelegenen Schulhaus nehmen Marktstände die Plätze ein, an denen sonst Autos parken. Aus großen Boxen dröhnt Musik, und auf der kleinen Bühne am Rande der Szenerie rockt eine Schülerband. Eine Handvoll Gleichaltriger beobachtet sie. Einige von ihnen tanzen.

Hinter den Marktständen bieten Anwohnerinnen – einige in traditioneller Kleidung asiatischer und afrikanischer Regionen – verschiedenste Esswaren und Getränke an. Auf den in verschiedenen Sprachen verfassten Schildern sind die Namen der Speisen und die Standverantwortlichen ausgewiesen: Vereine von Migrantengruppen, einzelne soziale Einrichtungen und eine Selbsthilfeorganisation. Hinter einem Stand stehen Jugendliche einer Jugendwohngruppe, die in diesem Stadtteil angesiedelt ist, und bieten Waffeln an. Unterstützt werden sie von ihrem Wohngruppenleiter, welcher angeregt mit einer aus dem Sudan stammenden Nachbarin spricht.

Neugierig zieht ein Teil der Anwohner zwischen den Ständen hin und her und testet verschiedenste Leckereien. Währenddessen betreut der andere Teil den jeweiligen Stand und sorgt für Nachschub. Überall wird sich gegrüßt, denn die meisten kennen sich von den Treffen zur Vorbereitung des Festes.

Eine Person fällt besonders auf, weil sie sich immer wieder unter Bewohner-Grüppchen mischt, mit fast jeder Person spricht und sich nach deren Befinden und Eindrücken vom Fest erkundigt – es ist die Sozialarbeiterin, auf deren Initiative dieses Fest entstanden ist.

Neben diesen aktiven Menschen nehmen nur wenige andere Bewohnerinnen und Bewohner an dem Fest teil, seien es nun die Kinder der beteiligten Bewohnerinnen oder deren direkte Wohnungsnachbarn.

Als zentrale Handlungsprinzipien einer sozialraumorientierten Neujustierung Sozialer Arbeit werden immer wieder die Beachtung und Nutzung bereits vorliegender Ressourcen (*Ressourcenorientierung und -aktivierung*) und deren örtliche Vernetzung (*Initiierung sozialer Netzwerke*) hervorgehoben (in Kapitel 2). Das fiktive Beispiel eines Stadtteilfestes unter Beteiligung einer Jugendwohngruppe kann – zumindest auf den ersten Blick – wie die gelungene Realisierung einer solchen Neujustierung gelesen werden.

Wirft man aber einen zweiten Blick auf dieses Beispiel einer raumbezogenen Vorgehensweise, so zeigen sich auch deren zentrale Dilemmata: vor allem das Dilemma der *Homogenisierung* und im Anschluss daran die Dilemmata der *Prävention*, der *Vernetzung* und der *Milieus*.

Bevor diese Dilemmata im weiteren Text am fiktiven Beispiel des Stadtteilfestes diskutiert werden, stellt sich die Frage, was der Hinweis auf solche Dilemmata für eine raumbezogene Soziale Arbeit bedeutet. Eine raumbezogene Soziale Arbeit *jenseits* solcher Dilemmata ist jedenfalls nicht realisierbar. Denn in allen diesen Dilemmata spiegeln sich die jeweiligen Macht- und Herrschaftsverhältnisse wider, denen Soziale Arbeit prinzipiell nicht entkommen kann. Ganz im Gegenteil: Sie ist Teil derselben und auch an ihrer (Re)Produktion beteiligt. Eine raumbezogene Soziale Arbeit muss diese allerdings auch nicht einfach hinnehmen. Vielmehr können die beteiligten Akteure diese bewusst und geplant zu beeinflussen suchen, das heißt aktiv mit Dilemmata, wie dem der Homogenisierung, umgehen (*Reflexivität*). Damit ist bereits der Unterschied zwischen den mehrheitlichen sozialpädagogischen Sozialraumorientierungsprogrammen und der hier vorgeschlagenen reflexiven räumlichen Haltung markiert: Eine reflexive räumliche Haltung bietet den Beteiligten in den Feldern der Sozialen Arbeit zwar keine grundsätzlich alternative Vorgehensweise im Sinne einer „neuen" oder „anderen Sozialraumorientierung" an. Eine reflexive räumliche Haltung ist aber charakterisiert durch den bewussten und geplanten Umgang mit den auftretenden Dilemmata, wie den hier am Beispiel des Stadtteilfestes exemplarisch verdeutlichten vier Dilemmata. Um diese – reflexive – Erweiterung der vorliegenden raumbezogenen Ansätze zu symbolisieren, sprechen wir im Folgenden von *Sozialraumarbeit* statt von sozialraumorientierter Sozialer Arbeit. Der Begriff der Sozialraumarbeit verdeutlicht, dass sich eine solche raumbezogene Soziale Arbeit nicht nur als stadtteil- oder quartiersbezogene, sondern immer als (sozial)politische Aktivität versteht. Sozialraumarbeit begreift den Bezug auf soziale Räume insofern immer im Bourdieu'schen Sinne als Bezug auf die eingeschriebenen Macht- und Herrschaftsverhältnisse, in die sie eingewoben ist und die sie damit unweigerlich mit formt. Im Mittelpunkt einer solchen Sozialraumarbeit steht also auf Seiten der Fachkräfte die Ausbildung einer reflexiven räumlichen Haltung als Realisierung einer reflexiven Professionalität im Fall raumbezogener Vorgehensweisen und die Ermöglichung einer solchen - Sozialraumarbeit durch die Trägerorganisationen und die politisch Verantwortlichen.

In welcher Weise eine solche Sozialraumarbeit auszugestalten ist, ist in Bezug auf die jeweiligen Handlungszusammenhänge situativ zu konkretisieren. Eine räumliche Haltung beinhaltet somit keine allgemeingültigen raumbezogenen Methoden, erfordert aber eine explizite und spezifische fachliche und damit immer auch politische Positionierung. Damit schließt eine solche Sozialraumarbeit an ein reflexives Methodenverständnis an, das davon ausgeht, dass sozialpädagogische Fachkräfte prinzipiell über ein ganzes Spektrum an Methoden verfügen müssen, über deren Einsatz situationsspezifisch zu entscheiden ist und die situationsspezifisch zu legitimieren sind. Ansätze der Sozialraumarbeit basieren demnach auf der Annahme, dass keine raumbezogenen Methoden existieren, die per se Gültigkeit für ein spezifisches Handlungsfeld oder eine spezifische Adressatengruppe beanspruchen können. Je nach Fall, je nach Kontext und je nach Interessenkonstellation ist zu entscheiden, welches methodische Vorgehen am adäquatesten ist. Qualitätskriterium ist dabei immer die möglichst weitgehende Eröffnung und Erweiterung von Handlungsoptionen für die direkten Nutzerinnen und Nutzer der sozialpädagogischen Angebote.

Entscheidendes Merkmal der Sozialraumarbeit ist somit die Einnahme einer reflexiven räumlichen Haltung. Voraussetzung dafür ist die Kontextualisierung des jeweiligen Interventionsfeldes und -auftrages. Dazu gehört insbesondere die Inblicknahme der jeweils zugrunde liegenden Raumbilder. Erst vor diesem Hintergrund ist eine explizite reflexive Positionierung und damit die Einnahme einer räumlichen Haltung möglich, denn erst diese Vergewisserung verdeutlicht, in welcher Weise die Beteiligten die fokussierten sozialräumlichen Zusammenhänge thematisieren und welche alternativen Sichtweisen damit ausgeblendet bleiben.

Das zentrale Dilemma, auf das eine Sozialraumarbeit reagieren muss, ist analog zur grundlegenden Homogenisierungsgefahr raumbezogener Strategien (in Kapitel 4) das Homogenisierungsdilemma.

▪ *Das Homogenisierungsdilemma*

Die „multi-kulturelle" Ausgestaltung des skizzierten Stadtteilfests basiert auf der Annahme einer Zugehörigkeit verschiedener Bewohnerinnen zu spezifischen Herkunftsländern. Eine solche Zuordnung negiert aber allzu leicht grundlegende Differenzen, die innerhalb dieser Bewohnergruppen bestehen. Den Besuchern des Stadtteilfestes wird mit der Auswahl von „Döner" und „Baklava" als türkische Nationalspeisen ein sehr beschränktes und keineswegs generell zutreffendes Bild des Herkunftlandes Türkei präsentiert. Eine solche Zuschreibung reproduziert stereotype Zuschreibungen spezifischer kultureller Muster. Diese Homogenisierung befördert sowohl Fremd- als auch Selbstzuschreibungen: Sozialarbeiterische Initiativen für ein „multikulturelles Stadtteilfest" können ebenso vor dem Hintergrund der fehlgeleiteten Annahme relativ einheitlicher Herkunftskulturen geschehen wie die Selbstzuschreibung einzelner Gruppen von Migrantinnen als „russisch" oder „griechisch".

Doch das Homogenisierungsdilemma zeigt sich nicht nur hinsichtlich der Repräsentation einzelner Bewohnergruppen, sondern auch in Bezug auf die gesamte Gruppe der Stadtteilbewohner: Aktivitäten wie das fiktive Stadtteilfest suggerieren – wie der Name schon deutlich macht – allzu leicht, dass hier das Fest *einer gesamten* Bewohnergruppe gefeiert wird. Doch eine solche Gruppe als relativ einheitlicher sozialer Zusammenhang existiert höchstens in seltenen Fällen und dann auch nur in sehr überschaubaren und zumeist zeitlich begrenzten Zusammenhängen (zum Beispiel in politisch oder religiös motivierten Wohngenossenschaften oder Teilen einzelner ehemaliger Facharbeitersiedlungen). Entscheidend ist aber vor allem, dass die Bewohnerinnen und Bewohner solch eines Wohnareals ein gemeinsames Interesse verbindet. Im Fall so genannter benachteiligter Stadtteile, wie sie im Zentrum sozialraumorientierter Aufmerksamkeit stehen, ist das einzige gemeinsame Interesse aller Bewohner zumeist der günstigere Wohnraum. Neben der administrativen Zuschreibung aufgrund des Wohnorts sind neben einzelnen personalen Bezügen häufig nur wenige weitere soziale Bezüge innerhalb der Mehrheit der Bewohnerinnen und Bewohner auszumachen.

Das Homogenisierungsdilemma raumbezogener Maßnahmen lässt sich somit etwa folgendermaßen beschreiben: Raumbezogene Vorgehensweisen stehen immer in der Gefahr, bereits vorliegende Homogenitätsunterstellungen zu reproduzieren, und damit das prinzipielle Problem symbolischer Ausschließung bestimmter Bevölkerungsgruppen zu verlängern, statt gegen dieses anzugehen.

Einer Sozialraumarbeit stellt sich daher die Frage, welche Strategien und Maßnahmen sie entwickeln und befördern kann, um die dominierenden Homogenisierungsprozesse eher zu unterlaufen als zu (re)produzieren.

▪ Das Präventionsdilemma

Typisch für sozialraumorientierte Vorgehensweisen, wie sie in dem dargestellten Beispiel des Stadtteilfestes zum Tragen kommen, ist auch ihre präventive Ausrichtung. Im Fall des Stadtteilfestes kann der Versuch des Wohngruppenleiters, einen besseren Kontakt zu den Stadtteilbewohnerinnen und -bewohnern herzustellen, insofern dahingehend gedeutet werden, dass er diesen die Wohngruppenmitglieder ans Herz legen möchte. Sein Ziel könnte man also als die Mobilisierung eines gewissen Levels der Mitverantwortung durch die Stadtteilbewohner beschreiben. Die Stadtteilbewohner sollen ein Auge auf die Jugendlichen haben, wenn sie im Stadtteil unterwegs sind. Das Präventionsdilemma besteht nun darin, dass mit einer solchen Ausrichtung sozialraumorientierter Vorgehensweisen die Jugendlichen in der Gefahr stehen, unter Generalverdacht gestellt zu werden. Aufgrund der Zugehörigkeit zur sozialpädagogischen Wohngruppe wird dann auf eine notwendige präventive Kontrolle geschlossen. Die Jugendlichen werden also schlicht aufgrund der Tatsache, dass sie in der Wohngruppe leben, unter besondere Beobachtung gestellt.

Darüber hinaus kann das Engagement der Fachkraft aber auch als eine „präventive Bearbeitung" der Bevölkerung selbst beschrieben werden. Ziel ist dann, die Akzeptanz gegenüber den Jugendlichen in der Bevölkerung zu erhöhen. Die Reaktion einzelner Bewohner auf manche Verhaltensweisen der Jugendlichen führt immer wieder dazu, dass die Mitarbeiter Vermittlungs- und manches Mal auch Besänftigungsarbeit leisten müssen. Das Engagement im Rahmen des Stadtteilfestes soll hier bereits präventiv den Boden bestellen, um (möglichen) zukünftigen Ärger möglichst zu vermeiden oder wenigstens zu verringern.

Die Frage, die sich einer Sozialraumarbeit angesichts des Präventionsdilemmas stellt, lautet daher: In welcher Weise können sozialpädagogische Angebote implementiert oder bereitgestellt werden, die Nutzerinnen und Nutzern bisher nicht zugängliche oder fehlende Handlungsoptionen eröffnen, ohne dass diese unter den Verdacht gestellt werden, potenziell „kriminell", „leistungsscheu" oder „dissozial" zu sein?

■ *Das Vernetzungsdilemma*

Das Beispiel des Stadtteilfestes ist auch typisch für die Vernetzungsbemühungen sozialraumorientierter Vorgehensweisen. Mit entsprechenden Aktionen sollen die vorhandenen Ressourcen des sozialen Umfelds nicht nur aktiviert werden, sondern es sollen soziale Netzwerke installiert oder wiederhergestellt werden. Das Dilemma dabei ist nun, wie auch die Evaluationsergebnisse aus dem bundesdeutschen Stadtentwicklungsprogramm „Soziale Stadt" (sowie aus dem darauf bezogenen Jugendhilfeprogramm E&C) zeigen, dass diese Vernetzung an solchen Stellen besonders gut funktioniert, an denen vor expliziten raumbezogenen Interventionsmaßnahmen bereits Netzwerksstrukturen nachweisbar waren. Dagegen erweist sich die Installierung von Netzwerkstrukturen an anderen Stellen als extrem schwierig. Untersuchungen im Kontext der wissenschaftlichen Begleitung des Jugendhilfeprogrammes E&C verdeutlichen, dass in den ausgewiesenen Gebieten des Programms „Soziale Stadt" wenig neue Netzwerke entstanden sind. Bei den wenigen neu formierten Netzwerken handelt es sich meist um geschlossene und zielorientierte Gruppen (wie zum Beispiel eine Lenkungsgruppe des Programms „Soziale Stadt"), die die spezifischen Ziele des Förderprogramms verfolgen, ohne dass Bewohnerinnen oder Bewohner beteiligt werden. Kooperationen scheinen da zu funktionieren, wo es räumlich passt. Am gewählten Beispiel zeigt sich, dass die beteiligten Akteure nicht nur aus den im Stadtteil etablierten Initiativen und Vereinen kommen, sondern sich zum Teil auch von anderen gemeinsamen Stadtteilaktivitäten kennen. Andere Bewohner fehlen auf dem Stadtteilfest fast vollständig. Damit besteht aber die Gefahr, dass immer wieder die bereits bestehenden Netzwerkstrukturen reproduziert werden und es den Nicht-Beteiligten weiterhin erschwert wird, sich zu beteiligen.

Inwiefern und an welcher Stelle kann Sozialraumarbeit, so ist mit Blick auf dieses Dilemma zu fragen, Netzwerke, die quer zu den dominierenden liegen, unterstützen oder deren Aufbau anregen oder zu deren Öffnung für bisher unbeteiligte Personen motivieren?

∎ Das Mileudilemma

Milieustudien weisen in den letzten Jahren sehr deutlich darauf hin, dass sich soziale Ungleichheit, das heißt die unterschiedliche Verteilung von Ressourcen und der Zugänge zu diesen, nicht nur zwischen verschiedenen Wohngruppen zeigt, sondern auch innerhalb der einzelnen Wohnbevölkerungen. So macht Thomas Schwarzer am Beispiel eines norddeutschen Stadtteils sehr deutlich, dass die Aktivierung von Ressourcen vor allem bei den bereits einflussreichen Gruppen im Stadtteil gut gelingt. Das heißt, ähnlich wie bei dem Großteil der Versuche der Mobilisierung bürgerschaftlichen Engagements (in Kapitel 4), mit denen vor allem Mittelschichtsangehörige erreicht werden, führen auch die Versuche in den so genannten benachteiligten Stadtteilen zumeist dazu, dass nicht nur die bereits vernetzten Akteure von den raumbezogenen Aktivitäten profitieren, sondern vor allem die bereits relativ gut mit Ressourcen ausgestatteten Bewohnergruppen.

Am hier gewählten Beispiel des Stadtteilfests lässt sich dies daran zeigen, dass fast ausschließlich die bereits organisierten Migrantengruppen und die institutionalisierten sozialen Einrichtungen beteiligt sind. Die vielen anderen Bewohnerinnen und Bewohner des Stadtteils werden nicht erreicht. Das heißt aber auch, dass sie von den aktivierten Ressourcen und der erreichten Vernetzung nicht oder nur zufällig und indirekt profitieren können.

Insofern stellt sich für eine Sozialraumarbeit die Frage, welche Ansatzpunkte zu finden sind, die bestehenden Milieugrenzen – gerade auch in ihrer sehr kleinräumigen Gestalt – immer wieder in Frage zu stellen und im gelungenen Fall auch zu überwinden.

Sozialraumarbeit meint die Einnahme einer reflexiven räumlichen Haltung. Diese konkretisiert sich durch eine systematische Kontextualisierung des jeweiligen Handlungsraumes, das heißt eine systematische und möglichst umfassende Inblicknahme des Erbringungszusammenhangs. Alle Beteiligten machen sich im Idealfall in diesem Prozess bewusst, welche Interessen- und damit Macht- und Herrschaftskonstellationen vorliegen. Diese Bewusstmachung rückt zugleich die Grenzen des aktuell Möglichen in den Blick. Das heißt, sie verdeutlicht, was gewollt und was nicht gewollt ist. Entscheidend für die Sozialraumarbeit ist nicht nur das Gewollte, sondern auch das Nicht-Gewollte. Denn gerade auch hier können sich Handlungsoptionen für die Nutzer eröffnen oder erweitern. Am Beispiel gesprochen könnte das eine explizite und kritische Thematisierung von Homogenisierungsstrategien („russisch", „türkisch", „deutsch", ...) und deren kommunale Konsequenzen und Institutionalisierungsformen (zum Beispiel ein Leben in „Illegalität" oder die konkrete Arbeit der Ausländerbehörden) bedeuten: zum Beispiel die Einbindung von Stadtteilbewohnern in die Wohngruppenarbeit, etwa durch Kooperationen mit Jugendverbänden oder Altenvereinen – aber auch die öffentliche Diskussion der Arbeitsbedingungen und pädagogischen Konzepte der Wohngruppe unter Beteiligung der Wohngruppenmitglieder.

Damit ist der zweite relevante Punkt für eine reflexive räumliche Haltung als Kernbestandteil einer Sozialraumarbeit bereits angedeutet: die notwendige (politische) Positionierung. Ein Grund, warum raumbezogene Vorgehensweisen den oben dargestellten Dilemmata nicht entkommen können, ist die Tatsache, dass jede bewusste und geplante Intervention bestimmte Deutungen (re)produziert, das heißt Beschreibungskategorien verwendet. Solche Kategorisierungen sind aber immer begrenzte Deutungen, das heißt Beschreibungen, die Bestimmtes fokussieren und zugleich Anderes systematisch ausschließen. Selbst eine kritische Inblicknahme, wie diejenige des Präventionsdilemmas, kommt nicht um eine Kategorisierung umhin und verwendet weiterhin bestimmte vereinheitlichende Kategorien, die qualitative Differenzen übergehen müssen (zum Beispiel „Wohngruppenmitglieder"). Dennoch muss es darum gehen, diese Kategorien möglichst offen zu handhaben, das heißt ihre Deutungen immer wieder in einen kritischen Verständigungsprozess einzuspeisen. Damit darf nicht ein beliebiges Kategorisieren geschehen, nach dem Motto „Alles ist möglich". Denn Kategorien sind historisch-kulturell und damit immer auch politisch aufgeladene Deutungsmuster, die nicht einfach beliebig verändert werden können. Gleichzeitig dürfen vorherrschende Kategorien nicht einfach reproduziert werden, wenn ihre Begrenzungen bewusst mit in den Blick genommen werden sollen. Nicht mehr vom Stadtteil oder von der Quartiersbevölkerung zu sprechen, ist wenig sinnvoll. Zugleich ist eine Rede, die die damit verbundene Homogenisierungsproblematik nicht berücksichtigt, unzureichend. Will man in diesem Sinne eine reflexiv-räumliche Haltung einnehmen, erfordert dies also eine bewusste Positionierung, beispielsweise im Sinne einer nicht-territorialisierenden raumbezogenen Sozialraumarbeit.

Damit rückt der dritte und letzte Punkt in den Blick: Sozialraumarbeit ist nicht per se gut oder auf der richtigen Seite. Ihre Position hat sie zu legitimieren – kommunalpolitisch, fachlich und gegenüber den Nutzerinnen und Nutzern. Diese Legitimationsarbeit ist gerade angesichts der Transformation des bisherigen wohlfahrtsstaatlichen Arrangements (in Kapitel 3) von entscheidender Bedeutung. Denn die Soziale Arbeit insgesamt steht unter Legitimationsdruck. Diesem Druck begegnet sie aber nur unzureichend, indem sie für bestimmte Generalkonzeptionen, wie eine Sozialraumorientierung als allgemeines Leitprinzip, plädiert. Vielmehr muss sie sehr konkret und situationsspezifisch verdeutlichen, warum eine öffentliche Unterstützungs- und Beeinflussungsinstanz menschlicher Lebensführung sinnvoll und notwendig ist. Die Einnahme einer solchen – durchaus sehr anspruchsvollen – reflexiv-räumlichen Haltung ist permanente Aufgabe, die nicht durch die Vereinbarung eines organisatorischen Leitbildes fixierbar ist. Sie kann auch nicht durch einzelne Fachkräfte allein realisiert werden. Vielmehr erfordert sie entsprechende (kommmunal)politische und organisatorische Ermöglichungsbedingungen.

Die Sozialraumarbeit ist kein fertiges raumbezogenes Handlungskonzept im Sinne einer alternativen Sozialraumorientierung. Vielmehr bietet sie im Sinne der reflexiv-räumlichen Haltung einen Reflexionsrahmen an, der zu beachten ist, wenn konkrete und situationsspezifische raumbezogene Konzeptionen entwickelt oder weiterentwickelt werden. Soziale Arbeit ist immer ortsbezogene Aktivität, dennoch folgert aus den hier vorgelegten Überlegungen ein anderer Umgang mit diesen Orten.

Soziale Arbeit ist immer an einen konkreten Ort gebunden. Dieser Ort kann heute auch ein virtueller Raum sein, beispielsweise eine Beratungsplattform für Kinder und Jugendliche. Soziale Arbeit ist deshalb gezwungen, sich aktiv und explizit zu verorten. Dazu muss sie sich bewusst werden, welche Bedeutung der konkrete Ort für die verschiedenen Handelnden auf den unterschiedlichen politischen, praktischen und alltäglichen Ebenen hat, welche Ressourcen in ihm stecken, welche durch ihn verbaut werden und wie diese oder andere unzugänglichen Ressourcen im Sinne einer Erweiterung oder Eröffnung von Handlungsoptionen für die Akteure genutzt werden können. Im Prozess der Verortung werden damit neue Positionen, die die spezifische Situation der beteiligten Akteure auszeichnen, möglich. Diese Positionen bilden dann wieder die Grundlage von Handlungs- und Verortungsstrategien auch für politische Auseinandersetzungen. Der Ort wird damit als eine Verhandlungsressource betrachtet, wie Encarnación Gutiérrez Rodríguez schreibt: ein Ort, an dem sich die herrschenden Verteilungs-, Arbeits- und offiziellen Zugehörigkeitsmodelle reflektieren und von dem aus sich Zugangsmöglichkeiten ebenso wie Schließungsmechanismen eröffnen. Verortungsprozesse stellen insofern soziale Praktiken dar, mit denen spezifische räumliche Kontexte, die das Ergebnis vormaliger sozialer Praktiken sind, verändert, bestätigt oder verworfen werden. Nicht weniger, aber auch nicht mehr als eine explizite und transparente Positionierung innerhalb dieser Prozesse ist die Aufgabe einer raumbezogenen Sozialen Arbeit im Sinne der Sozialraumarbeit. Die (Weiter)Entwicklung einer solchen Sozialraumarbeit steht allerdings erst am Anfang.

Zusammenfassung

Sozialraumarbeit nimmt einerseits die räumlichen Konstruktionsprozesse in den Blick, die dazu führen, dass Gesellschaftsmitglieder sozialpädagogische Angebote nutzen oder nutzen müssen – und an denen Soziale Arbeit selbst ebenso wie die Betroffenen beteiligt ist – und berücksichtigt andererseits auch die historisch entstandenen und dabei immer politisch umkämpften Ordnungen des Räumlichen. Ihre Aufgabe bleibt dabei immer eine möglichst weitgehende Erweiterung und Eröffnung von Handlungsoptionen für die Betroffenen. Handlungsoptionen, die diesen also bisher nicht zur Verfügung gestanden haben. Dazu muss sich Sozialraumarbeit der Gleichzeitigkeit von konstruktivistischen und materialistischen Einsichten der raumtheoretischen Auseinandersetzung bewusst sein. Ausgangspunkt für ihr Handeln bilden nicht Territorien, Stadtteile oder Straßenzüge, sondern die konkreten Orte und das Zusammenspiel der unterschiedlichen Aktivitäten, die Räume (re-)konstituieren.

Während die dominierende Sozialraumorientierung handlungskonzeptionelle Strategien beschreibt, die bestimmte dominierende Raumbilder (re)produziert, zielt die hier vorgeschlagene reflexive räumliche Haltung als Kernbestandteil einer Sozialraumarbeit dagegen auf die Arbeit am sozialen Raum im Sinne Bourdieus. Während sich also sozialraumorientierte Ansätze zumeist darauf beschränken, raumbezogene Strategien Sozialer Arbeit in Bezug auf die dominierenden Raumbilder (globaler und lokaler Raum, aufgewerteter und abgekoppelter Raum, (de)regulierter Raum und Risiko- und Sicherheitsraum) zu entwickeln und zu implementieren, versteht sich eine Sozialraumarbeit explizit als Arbeit am sozialen Raum, das heißt sie begreift sich selbst als aktive Gestalterin sozialer Zusammenhänge, als deren bewusste Ausgestalterin. Das setzt allerdings voraus, dass sie die dominierenden Raumbilder kennt und sich zu diesen kritisch und explizit ins Verhältnis setzt.

Autorenverzeichnis

Ulrich Deinet

Fachhochschule Düsseldorf, Fachbereich Sozial- und Kulturwissenschaften, davor elf Jahre Referent für Jugendarbeit beim Landesjugendamt Westfalen-Lippe in Münster, langjährige Praxis in der Offenen Kinder- und Jugendarbeit.
  Arbeitsschwerpunkte: Kooperation von Jugendhilfe und Schule, Sozialräumliche Jugendarbeit, Lebensweltanalyse, Konzept- und Qualitätsentwicklung
Kontakt: ulrich.deinet@t-online.de

Fabian Kessl

Fakultät für Bildungswissenschaften, Institut für Soziale Arbeit und Sozialpolitik an der Universität Duisburg-Essen. Mitglied der Redaktion Widersprüche und des Co-Ordinating Office von Social Work & Society – Online-Journal for Social Work & Social Policy (www.socwork.net).
  Arbeitsschwerpunkte: Sozialpädagogische Transformationsforschung, Empirie der Lebensführung, Gouvernementalität Sozialer Arbeit, Sozialraumforschung und Sozialraumarbeit
Kontakt: fabian.kessl@uni-due.de

Christian Reutlinger

Institut für Soziale Arbeit (IFSA) an der FHS Hochschule für Angewandte Wissenschaften St. Gallen, davor wissenschaftlicher Mitarbeiter am Institut für Sozialpädagogik, Sozialarbeit und Wohlfahrtswissenschaften der TU Dresden und wissenschaftlicher Referent am Deutschen Jugendinstitut in Leipzig und München.
  Arbeitsschwerpunkte: Social Development und Raum, Transnationale Soziale Arbeit, Sozialgeografie der Kinder und Jugendlichen, Europäische Jugendforschung, Sozialpädagogische Sozialraumforschung und Sozialraumarbeit
Kontakt: christian.reutlinger@fhsg.ch

Danksagung

Bei Stefan Schnurr, Sigrid Schilling und den Teilnehmerinnen und Teilnehmern der Winter School „Soziale Arbeit und Sozialraum" (Bachelor-Studiengänge Sozialpädagogik und Sozialarbeit 2005/2006) an der Fachhochschule Nordwestschweiz (Standort Brugg) möchten wir uns ausdrücklich dafür bedanken, dass sie sich als Pioniere auf das Experiment einließen, Sozialraumorientierung einmal auf die ihr zugrunde liegenden Raumbilder hin zu befragen und sie damit systematisch kontextualisierbar zu machen. Wir hoffen, dass wir ihre weiterführenden und kritischen Hinweise einigermaßen angemessen aufgenommen haben. Peter Rahn, Sabine Makowka und die Studierenden der FHS St. Gallen in Rorschach (Wintersemester 2005/2006) haben uns dankenswerterweise im Rahmen des Moduls A2 „Theorien der Sozialen Arbeit" ermöglicht, den „Prototyp" dieses Einführungstextes „auszuprobieren". Auch auf ihre sehr konstruktiven Rückmeldungen haben wir soweit wie möglich zu reagieren versucht.

Bei Hille von Seggern und Julia Werner (Hannover) bedanken wir uns für ihr kollegiales Verständnis, dass sich das geplante Projekt nicht in der Weise realisieren ließ, wie wir das ursprünglich geplant hatten. Annegret Wigger (Rorschach) sei für ihre weiterführenden Hinweise herzlich gedankt.

Unser besonderer Dank gilt Melanie Plößer (Kiel) und Caroline Fritsche (Rorschach) für die Redigierung des Gesamttextes. Mancher systematische und sprachliche Schnitzer ist den Leserinnen und Lesern dadurch glücklicherweise erspart geblieben. Einzelne dennoch verbleibende gehen selbstverständlich ausschließlich auf Kosten der Autoren.

Nicht zuletzt möchten wir Stefanie Laux vom VS Verlag unseren herzlichen Dank für ihr äußerst hilfreiches und kenntnisreiches Lektorat sagen.

Schwerpunkt Sozialraum

Fabian Kessl / Christian Reutlinger
Sozialraum
Eine Einführung
2007. 131 S. Br. EUR 14,90
ISBN 978-3-531-14946-2

Was ist ein „Sozialraum"? Was müssen Studierende in den Fachbereichen Soziale Arbeit und Sozialpädagogik, Soziologie, Geographie und Architektur von sozialräumlichen Arbeiten in Theorie und Praxis wissen? Das Lehrbuch stellt einen systematischen Überblick disziplinärer Positionen und relevanter Handlungsfelder zur Verfügung.

Fabian Kessl / Christian Reutlinger / Susanne Maurer / Oliver Frey (Hrsg.)
Handbuch Sozialraum
2005. 659 S. Geb. EUR 49,90
ISBN 978-3-8100-4141-8

Fabian Kessl / Christian Reutlinger (Hrsg.)
Schlüsselwerke der Sozialraumforschung
Traditionslinien in Text und Kontexten
2008. 239 S. (Sozialraumforschung und Sozialraumarbeit Bd. 1) Br. EUR 19,90
ISBN 978-3-531-15152-6

Ulrich Deinet (Hrsg.)
Methodenbuch Sozialraum
2009. 324 S. Br. EUR 29,90
ISBN 978-3-531-15999-7

Detlef Baum (Hrsg.)
Die Stadt in der Sozialen Arbeit
Ein Handbuch für soziale und planende Berufe
2007. 404 S. Br. EUR 39,90
ISBN 978-3-531-15156-4

Wolfgang Budde / Frank Früchtel / Wolfgang Hinte (Hrsg.)
Sozialraumorientierung
Wege zu einer veränderten Praxis
2006. 317 S. Br. EUR 24,90
ISBN 978-3-531-15090-1

Frank Früchtel / Wolfgang Budde / Gudrun Cyprian
Sozialer Raum und Soziale Arbeit
Fieldbook: Methoden und Techniken
2., durchges. Aufl. 2010. 335 S. Br.
EUR 24,95
ISBN 978-3-531-17180-7

Frank Früchtel / Gudrun Cyprian / Wolfgang Budde
Sozialer Raum und Soziale Arbeit
Textbook: Theoretische Grundlagen
2. Aufl. 2010. 228 S. Br. EUR 19,95
ISBN 978-3-531-17195-1

Erhältlich im Buchhandel oder beim Verlag.
Änderungen vorbehalten. Stand: Januar 2010.

www.vs-verlag.de

VS VERLAG FÜR SOZIALWISSENSCHAFTEN

Abraham-Lincoln-Straße 46
65189 Wiesbaden
Tel. 0611.7878-722
Fax 0611.7878-400

MIX
Papier aus verantwortungsvollen Quellen
Paper from responsible sources
FSC® C105338

If you have any concerns about our products,
you can contact us on
ProductSafety@springernature.com

In case Publisher is established outside the EU,
the EU authorized representative is:
**Springer Nature Customer Service Center GmbH
Europaplatz 3, 69115 Heidelberg, Germany**

Printed by Libri Plureos GmbH
in Hamburg, Germany